成績アップのための学習メソッド ▼2～5

学習内容

効率よく勉強して
テストでいい点を取ろう

成績アップのための学習メソッド

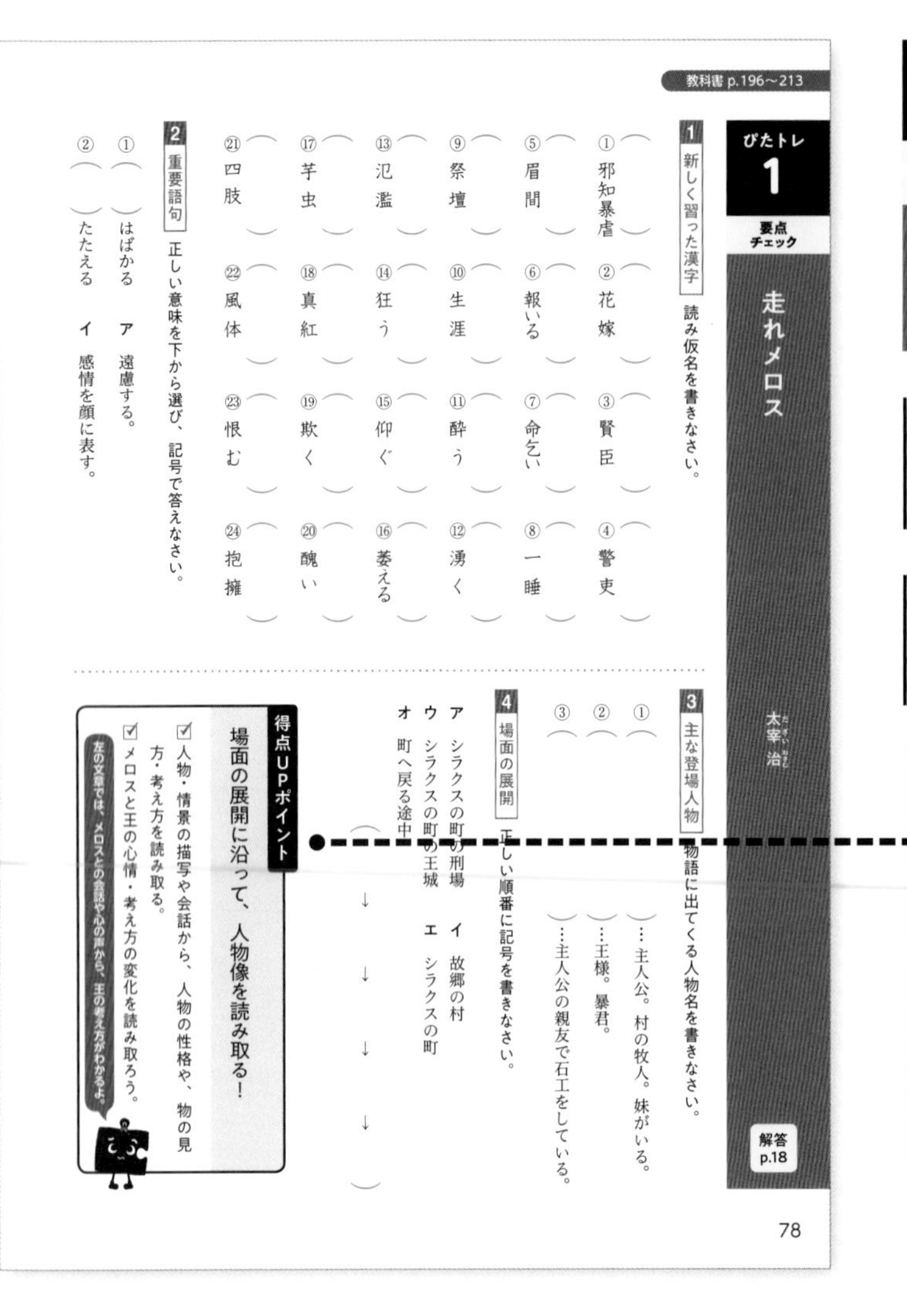
教科書 p.196〜213

ぴたトレ 1 要点チェック

走れメロス　太宰治

1 新しく習った漢字　読み仮名を書きなさい。

①邪知暴虐（　）②花嫁（　）③賢臣（　）④警吏（　）
⑤眉間（　）⑥報いる（　）⑦命乞い（　）⑧一睡（　）
⑨祭壇（　）⑩生涯（　）⑪酔う（　）⑫湧く（　）
⑬氾濫（　）⑭狂う（　）⑮仰ぐ（　）⑯萎える（　）
⑰芋虫（　）⑱真紅（　）⑲欺く（　）⑳醜い（　）
㉑四肢（　）㉒風体（　）㉓恨む（　）㉔抱擁（　）

2 重要語句　正しい意味を下から選び、記号で答えなさい。

①（　）はばかる　ア 遠慮する。
②（　）たたえる　イ 感情を顔に表す。

3 主な登場人物　物語に出てくる人物名を書きなさい。

①（　）…主人公。村の牧人。妹がいる。
②（　）…王様。暴君。
③（　）…主人公の親友で石工をしている。

4 場面の展開　正しい順番に記号を書きなさい。

ア シラクスの町の刑場　イ 故郷の村
ウ シラクスの町の王城　エ シラクスの町
オ 町へ戻る途中

（　）→（　）→（　）→（　）→（　）

得点UPポイント
場面の展開に沿って、人物像を読み取る!
☑ 人物・情景の描写や会話から、人物の性格や、物の見方・考え方を読み取る。
☑ メロスと王の心情・考え方の変化を読み取ろう。

左の文章では、メロスとの会話や心の声から、王の考え方がわかるよ。

解答 p.18

78

ぴたトレ1

要点チェック

教科書の教材についての理解を深め、基礎学力を定着させます。

言語知識の確認

教科書の新出漢字・重要語句が順番にのっています。

読解教材の基礎知識

登場人物や段落分けなどを問題形式で確認できます。

得点UPポイント

国語の力が付くように、文章読解する際のポイントを示しているよ!

スタートアップ

教材の要点や覚えておくべき文法事項をまとめているよ!

リー子

学習メソッド

STEP1
ノートを整理・確認
定期テストでは授業で取り上げた内容が出やすい。板書を見直して重要なところをおさらいしよう。

→

STEP2
基礎を固める
テスト期間が始まったら、まずはぴたトレ1で教材の要点や文法、新出漢字を復習しよう。
問題を解くのに時間はかけず、横にノートを置いてこまめに確認しながら問題を解いていこう。

→

STEP3
新出漢字を集中特訓
教科書で習った順にまとめられた別冊「mini book」を使って、漢字はすべて書けるように練習しよう。

ぴたトレ
2
練習

走れメロス

1 読解問題 文章を読んで、問いに答えなさい。

教科書199ページ16行〜200ページ6行

それを聞いて王は、残虐な気持ちで、そっとほくそ笑んだ。生意気なことを言うわい。どうせ帰ってこないに決まっている。このうそつきにだまされたふりして、放してやるのもおもしろい。そうして身代わりの男を、三日目に殺してやるのも気味がいい。人は、これだから信じられぬと、わしは悲しい顔して、その身代わりの男を磔刑に処してやるのだ。世の中の、正直者とかいうやつばらにうんと見せつけてやりたいものさ。

「願いを聞いた。その身代わりを呼ぶがよい。三日目には日没までに帰ってこい。遅れたら、その身代わりを、きっと殺すぞ。ちょっと遅れて来るがいい。おまえの罪は、永遠に許してやろうぞ。」

「なに、何をおっしゃる。」

「はは。命が大事だったら、遅れて来い。おまえの心は、わかっているぞ。」

メロスは悔しく、じだんだ踏んだ。ものも言いたくなくなった。

太宰 治「走れメロス」より

(1) ——線①「残虐な気持ち」とありますが、その内容が書かれているのはどこですか。文章中から探し、初めと終わりの五字を抜き出しなさい。(句読点を含む)

□□□□□ 〜 □□□□□

ヒント 王の心の声が書かれている部分を探すよ。

(2) ——線②「おもしろい。」とありますが、このとき王はどんなことを考えていましたか。次から一つ選び、記号で答えなさい。

ア 人の心はあてにならないことを証明できるぞ。
イ うそと知ってだまされるわしも、お人よしじゃわい。
ウ 人の心を信じることができるかもしれぬ。

( )

ヒント 王のたくらみを読み取ろう。

(3) ——線③「お前の心は、わかっているぞ。」とありますが、王はメロスが心の中ではどう思っていると考えていますか。次から一つ選び、記号で答えなさい。

ア 三日目の日没までには何としても帰ってこよう。
イ 遅れて帰って、身代わりに死んでもらおう。
ウ 王は三日目の日没より前に身代わりを殺すだろう。

( )

ヒント メロスは王の言葉を聞いて、悔しがっているよ。

タイム トライアル 10分

解答 p.18

79

ぴたトレ2

練習

短い文章問題や言語問題を解いて、理解力や応用力を高めます。

文章読解の練習

文章読解では500字程度の短い文章をすばやく読む練習をします。

文法問題の練習

文法問題ではテストに出やすい問題を中心にまとめています。

ヒント
問題を解くうえでの注意点やポイントを示しているよ!

タイムトライアル
時間を意識して文章を読もう。目標タイムはクリアできるかな。

学習メソッド

STEP1
教科書の文章を読む
文章を少なくとも2回は音読してどんな内容が書かれているのか、頭のなかでイメージできるようにしておこう。

STEP2
時間を計って問題を解く
ぴたトレ2の文章には目標時間が設定されている。時間を意識してすばやく解く練習をしよう。

←

STEP3
もう一度解き直す
解いた後に音読をしてからもう一度解けばより理解が深まる。

定期テストで点を取るためには教科書の文章を何度も「音読すること」が大切だよ。
テストのときに文章を読まなくても解けるくらいに、教材の内容をしっかり頭に入れておこう!

ター坊

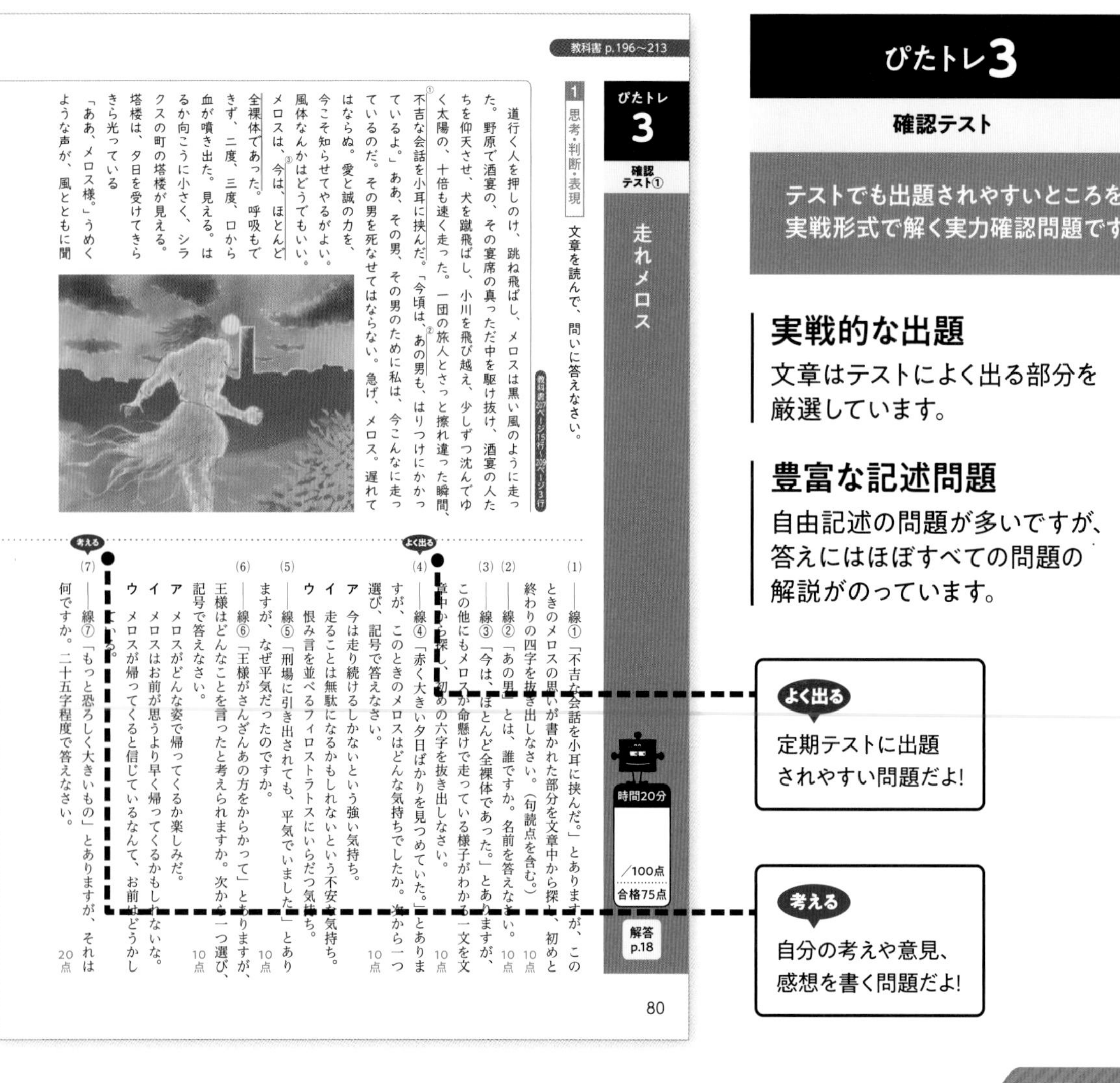

教科書 p.196〜213

ぴたトレ3 確認テスト①

走れメロス

1 思考・判断・表現　文章を読んで、問いに答えなさい。　教科書207ページ15行〜209ページ3行

道行く人を押しのけ、跳ね飛ばし、メロスは黒い風のように走った。野原で酒宴の、その宴席の真っただ中を駆け抜け、酒宴の人たちを仰天させ、犬を蹴飛ばし、小川を飛び越え、少しずつ沈んでゆく太陽の、十倍も速く走った。一団の旅人とさっと擦れ違った瞬間、①不吉な会話を小耳に挟んだ。「今頃は、②あの男も、はりつけにかかっているよ。」ああ、その男、その男のために私は、今こんなに走っているのだ。その男を死なせてはならない。急げ、メロス。遅れてはならぬ。愛と誠の力を、今こそ知らせてやるがよい。風体なんかはどうでもいい。メロスは、③今は、ほとんど全裸体であった。呼吸もできず、二度、三度、口から血が噴き出た。見える。はるか向こうに小さく、シラクスの町の塔楼が見える。塔楼は、夕日を受けてきらきら光っている

「ああ、メロス様。」うめくような声が、風とともに聞

(1) ——線①「不吉な会話を小耳に挟んだ。」とありますが、このときのメロスの思いが書かれた部分を文章中から探し、初めと終わりの四字を抜き出しなさい。（句読点を含む。）　10点

(2) ——線②「あの男」とは、誰ですか。名前を答えなさい。　10点

(3) ——線③「今は、ほとんど全裸体であった。」とありますが、この他にもメロスが命懸けで走っている様子がわかる一文を文章中から探し、初めの六字を抜き出しなさい。　10点

よく出る (4) ——線④「赤く大きい夕日ばかりを見つめていた。」とありますが、このときのメロスはどんな気持ちでしたか。次から一つ選び、記号で答えなさい。　10点

ア　今は走り続けるしかないという強い気持ち。
イ　走ることは無駄になるかもしれないという不安な気持ち。
ウ　恨み言を並べるフィロストラトスにいらだつ気持ち。

(5) ——線⑤「刑場に引き出されても、平気でいました」とありますが、なぜ平気だったのですか。　10点

(6) ——線⑥「王様がさんざんあの方をからかって」とありますが、王様はどんなことを言ったと考えられますか。次から一つ選び、記号で答えなさい。　10点

ア　メロスがどんな姿で帰ってくるか楽しみだ。
イ　メロスはお前が思うより早く帰ってくるかもしれないな。
ウ　メロスが帰ってくると信じているなんて、お前はどうかしている。

考える (7) ——線⑦「もっと恐ろしく大きいもの」とありますが、それは何ですか。二十五字程度で答えなさい。　20点

時間20分　/100点　合格75点　解答 p.18

80

ぴたトレ3

確認テスト

テストでも出題されやすいところを実戦形式で解く実力確認問題です。

実戦的な出題

文章はテストによく出る部分を厳選しています。

豊富な記述問題

自由記述の問題が多いですが、答えにはほぼすべての問題の解説がのっています。

学習メソッド

STEP1　**応用力を身につける**

ぴたトレ3では記述問題を中心に難易度の高い問題が出題される。時間を計って実力を確認しよう。

←

STEP2　**理解を深める**

間違えた問題は必ず解答解説を確認して、本番でも解けるように理解を深めておこう。

←

STEP3　**本番前の最終確認**

巻末の「定期テスト予想問題」をテスト直前に解いておこう。余裕（よゆう）があれば音読をもう一度、新出漢字はmini bookを確認して確実に得点できるようにしよう。

ぴたトレ3には「観点別評価」も示されてるよ! これなら内申点も意識できるね!

ピー助

教科書 p.196~230

定期テスト予想問題 14

走れメロス

文章を読んで、問いに答えなさい。

　ふと耳に、せんせん、水の流れる音が聞こえた。そっと頭をもたげ、息をのんで耳を澄ました。すぐ足元で、水が流れているらしい。よろよろ起き上がって、見ると、岩の裂け目からこんこんと、①何か小さくささやきながら清水が湧き出ているのである。その泉に吸い込まれるようにメロスは身をかがめた。水を両手ですくって、一口飲んだ。ほうと長いため息が出て、夢から覚めたような気がした。歩ける。行こう。肉体の疲労回復とともに、僅かながら②希望が生まれた。義務遂行の希望である。我が身を殺して、名誉を守る希望である。斜陽は赤い光を木々の葉に投じ、葉も枝も燃えるばかりに輝いている。日没までには、まだ間がある。私を待っている人があるのだ。少しも疑わず、静かに期待してくれている人があるのだ。私は信じられている。私の命なぞは問題ではない。死んでおわびなど、気のいいことは言っておられぬ。私は信頼に報いなければならぬ。③今はただその一事だ。走れ！　メロス。

　④私は信頼されている。私は信頼されている。先刻の、あの悪魔のささやきは、あれは夢だ。悪い夢だ。忘れてしまえ。五臓が疲れているときは、ふいとあんな悪い夢を見るものだ。メロス、おまえの恥ではない。やはり、おまえは真の勇者だ。再び立って走れるようになったではないか。ありがたい！　私は正義の士として死ぬことができるぞ。ああ、日が沈む。ずんずん沈む。待ってくれ、ゼウスよ。私は生まれたときから正直な男であった。正直な男のままにして死なせてください。

太宰 治「走れメロス」より

(1)　――線①「何か小さくささやきながら」とありますが、ここに用いられている表現技法は何ですか。次から一つ選び、記号で答えなさい。　20点

ア　倒置　　**イ**　直喩　　**ウ**　擬人法

(2)　――線②「希望」とありますが、どのような希望ですか。文章中から二つ、七字で抜き出しなさい。　各15点

(3)　――線③「今はただその一事だ。」とありますが、「その一事」とはどんなことですか。文章中の言葉を用いて、十字以内で答えなさい。　25点

(4)　――線④「私は信頼されている。私は信頼されている。」とありますが、メロスはなぜ同じ言葉を二度繰り返しているのですか。簡潔に答えなさい。　25点

(1)　(2)　(3)　(4)

時間15分　／100点　合格75点

解答 p.32

定期テスト予想問題

テスト直前に解くことを意識した
1ページ完結の実力テスト問題です。

- 全15回収録のテスト問題です。
- 読解問題を中心に、教材によっては文法問題も出題されます。

通知表と観点別評価

学校の通知表は

- 知識及び技能
- 思考力・判断力・表現力
- 主体的に学習に取り組む態度

といった観点別の評価をもとに作成されています。

本書では、観点別の評価問題を取り上げ、成績に直接結び付くようにしました。

［ぴたトレが支持される3つの理由!!］

1　35年以上続く超ロングセラー商品

昭和59年の発刊以降、教科書改訂（かいてい）にあわせて教材の質を高め、多くの中学生に使用されてきた実績があります。

2　教科書会社が制作する唯一の教科書準拠（じゅんきょ）問題集

教科書会社の編集部が問題集を作成しているので、授業の進度にあわせた予習・復習にもぴったり対応しています。

3　日常学習～定期テスト対策まで完全サポート

部活などで忙しくても効率的に取り組むことで、テストの点数はもちろん、成績・内申点アップも期待できます。

ぴたトレ 1 要点チェック

春に

谷川俊太郎

解答 p.1

1 新しく習った漢字 読み仮名を書きなさい。

① 渦（　　）

2 重要語句 正しい意味を下から選び、記号で答えなさい。

①（　）こみあげる　**ア** 対立し、争う。
②（　）せきとめる　**イ** 激しい感情がわきあがる。
③（　）せめぎあう　**ウ** 流れなどをさえぎる。
④（　）ひたす　**エ** 思い通りにならずはがゆい。
⑤（　）もどかしい　**オ** 液体などの中につける。

スタートアップ

詩の表現技法

- 直喩法……「まるで」「ようだ」などの語を用いて、ある事物を他の事物に直接たとえるもの。
- 隠喩法……「まるで」「ようだ」などの語を用いず、ある事物を他の事物にたとえるもの。
- 体言止め…末尾を体言（名詞）で終わらせるもの。
- 倒置法……主語や述語の順序を普通の文と逆にするもの。
- 反復法……同じ言葉を繰り返すもの。

「春に」について

春という季節を、さまざまな「気もち」によって表している作品。

- 作者…谷川俊太郎（一九三一～）は、東京都生まれの詩人。詩集に『みみをすます』『ことばあそびうた』、翻訳に『マザー・グースのうた』『ピーナッツ』などがある。

ぴたトレ 2 練習

春に

タイムトライアル 8分

解答 p.1

1 読解問題 詩を読んで、問いに答えなさい。

教科書14ページ〜15ページ

春に　　谷川 俊太郎

この気もちはなんだろう
目に見えないエネルギーの流れが
大地からあしのうらを伝わって
ぼくの腹へ胸へそうしてのどへ
声にならないさけびとなってこみあげる
この気もちはなんだろう
枝の先のふくらんだ新芽が心をつつく
よろこびだ　しかしかなしみでもある
いらだちだ　しかもやすらぎがある
あこがれだ　そしていかりがかくれている
心のダムにせきとめられ
よどみ渦(うず)まきせめぎあい
いまあふれようとする
この気もちはなんだろう
あの空のあの青に手をひたしたい
まだ会ったことのないすべての人と
会ってみたい話してみたい
あしたとあさってが一度にくるといい
ぼくはもどかしい
地平線のかなたへと歩きつづけたい
そのくせこの草の上でじっとしていたい
大声でだれかを呼びたい
そのくせひとりで黙っていたい
この気もちはなんだろう

(1) この詩で用いられている表現技法を次から一つ選び、記号で答えなさい。
ア 直喩法　イ 体言止め　ウ 倒置法　エ 反復法
（　　）

ヒント 同じ言葉が出てくることに注目しよう。

(2) ——線「あの空の……話してみたい」は、「ぼく」のどんな気持ちを表していますか。次から一つ選び、記号で答えなさい。
ア あせり　イ 驚き　ウ 望み　エ 恐れ
（　　）

ヒント 「〜たい」という表現から考えよう。

(3) この詩に描かれている「春」が「ぼく」にとってどんな季節かを述べた次の文中の□にあてはまる言葉を、それぞれ詩の中から三字と四字で抜き出しなさい。
・さまざまな a がわき起こり、 b ながらも、未来に向かって進もうとする季節。

a □□□　b □□□□

ヒント 字数をヒントにして探そう。

ぴたトレ 1 要点チェック

立ってくる春

川上(かわかみ)弘美(ひろみ)

解答 p.1

1 新しく習った漢字　読み仮名を書きなさい。

①縫う（　）　②暦（　）　③鬼（　）　④妖怪（　）

2 重要語句　正しい意味を下から選び、記号で答えなさい。

①（　）気密性
②（　）結露
③（　）つぎが当たる
④（　）かがる
⑤（　）入れ子
⑥（　）わだかまる

ア 服などの破れを布で繕う。
イ 冷たいものの表面に、空気中の水蒸気が付くこと。
ウ 何かが気になってさっぱりしない。
エ 同じ形で大きさが違うものを組み入れてあるもの。
オ ほつれないように糸でからげる。
カ 密閉され、空気がもれないこと。

3 登場人物　随筆に出てくる人物名を書きなさい。

①（　）…小学生のときの「私」。
②（　）…「私」と「立春」について話す。

4 場面設定　それぞれの場面の場所を書きなさい。

①（　）…二人が話している場所。
②（　）…「私」が一人で考えている場所。

得点UPポイント

「私」が考えている内容に注目する！

☑ 随筆の中で、どのようなことについて「私」が考え、どのような結論を出したかを読み取ろう。
☑ 「私」が心の中で考えている内容を整理しよう。

左の文章では、「私」があることについて考えているよ。

立ってくる春

1 読解問題 文章を読んで、問いに答えなさい。

教科書19ページ11行～20ページ8行

「①りっしゅん。」

「春が立つ、春になるっていうことですよ。」

祖母の部屋には日めくりの暦が下げてあった。暦(こよみ)には、二月四日、木曜、立春、の字が並んでいた。

「春って、立つの。」

「立ちますよ。」そう言って、祖母は真面目に頷(うなず)いた。以来私は、春は立つものだと思うようになったのである。
②立つ春とは、どんなものなのだろう。学校へのみちみち、考えた。
人間のかたちをしたものでは、なかろう。空気のようなものか。でも空気は目に見えない。「立つ」と感じるからには、目に見えなくては。本の中にある竜や鬼(おに)や妖怪(ようかい)に似た、この世のものではない生き物のかたちをしたものか。それも違う、春はもっと柔らかでのほほんとしているから、火を吐いたり金棒をふるったりするものたちの類いではあるまい。春とは、こまかな生気あるものに満ちた、盛り上がるようなものだ。それならば。

歩きながら、晴れた冷たい空気の中に見える遠い富士(ふじ)を眺めつつ、私は「立ってくる春」のかたちを、決めた。

川上 弘美「立ってくる春」〈あるようなないような〉より

(1) ――線①「りっしゅん」に対して、暦の上で秋が始まる日をなんといいますか。漢字二字で答えなさい。

[　　]

(2) ――線②「立つ春とは、どんなものなのだろう」について、次の問いに答えなさい。

ヒント 「りっしゅん（立春）」は「春になる」ことだとあるね。

① 「空気のようなものか」といったん考えながら否定したのはなぜですか。次から一つ選び、記号で答えなさい。

ア 「立つ」と感じるからには目に見えなければならないが、空気は目に見えないから。
イ 空気よりも人間のかたちをしたもののほうがふさわしいと思ったから。
ウ 春とは、こまかな生気あるものに満ちた、盛り上がるようなものだから。
エ 空気よりももっと「立つ」というイメージに合うものを思いついたから。

（　　）

ヒント 直後の部分から読み取ろう。

② 「竜や鬼や妖怪に似た、この世のものではない生き物のかたちをしたもの」とも違うと考えたのはなぜですか。文章中から二十字の部分を探し、初めと終わりの五字を抜き出しなさい。

[　　　　　]～[　　　　　]

ヒント 理由を表す言い方に注意しよう。

タイムトライアル 8分

解答 p.1

ぴたトレ 1 要点チェック

なぜ物語が必要なのか

小川洋子（おがわようこ）

解答 p.1

1 新しく習った漢字 読み仮名を書きなさい。

①獲得（　　）　②魂（　　）　③犠牲（　　）　④宛てる（　　）

2 重要語句 正しい意味を下から選び、記号で答えなさい。

①（　）獲得　②（　）理不尽　③（　）辻褄（つじつま）　④（　）奇想天外　⑤（　）混沌（こんとん）　⑥（　）人為的（じんいてき）　⑦（　）窮屈

ア　人の手が加わる様子。
イ　道理に合わないこと。
ウ　入り混じって区別がつかない様子。
エ　物事の道理。
オ　手に入れること。
カ　自由に振る舞えないこと。
キ　奇抜であること。

3 テーマ 筆者が感じた疑問を書きなさい。

①なぜ人は繰り返し（　　）を生み出し続けるのか。
②（　　）を獲得した人間が、初めてお話を語り始めた時、そこで何が起こったのか。

4 内容 随筆に出てくる書名を書きなさい。

①『（　　）』…柳田邦男（やなぎだくにお）著。洋二郎（ようじろう）さんの日記。
②『（　　）』…筆者が中学生の時に出会った本。

得点UPポイント

筆者にとって「物語」はどんなものかを読み取る！

☑「なぜ物語が必要なのか」は、筆者が物語のもつ意味について述べた随筆である。
☑挙げられている書物に対する筆者の思いを読み取ろう。

左の文章は、『アンネの日記』について述べているよ。

ぴたトレ 2

練習

なぜ物語が必要なのか

タイム トライアル 8分

解答 p.1

1 読解問題 文章を読んで、問いに答えなさい。

教科書24ページ6行～17行

さて、私に初めて物語の力を教えてくれたのは、中学生の時に出会った①『アンネの日記』でした。ナチス・ドイツに占領(せんりょう)されたオランダで、アンネ＝フランクは十三歳の誕生日に、父オットーから赤い格子(こうし)模様の日記帳をプレゼントされます。ほどなく、ユダヤ人狩りから逃れるため、家族とともにアムステルダム市内の中心部にある隠れ家へ身を潜めたアンネは、密告により強制収容所へ送られるまでの二年あまり、そこで日記を書き続けることになります。

当然ながら、隠れ家での生活は不自由なものでした。学校へ通うことはおろか、外へ出ることさえできず、昼間は分厚いカーテンを引いて、物音を立てないようにしなければいけません。限られた空間での、まさに息のつまるような毎日です。しかも発見されれば命の危険にさらされるという恐怖が、常につきまとっていました。

②そうした状況で書かれた③アンネの日記は、普通の日記とは少し異なっていました。単に毎日の出来事を記すのではなく、感情を書きなぐるのでもなく、架空の友人、キティーに宛(あ)てた手紙として、自らの思いを綴(つづ)るのです。

小川　洋子「なぜ物語が必要なのか」より

(1) ――線①『アンネの日記』について説明した次の文中の□にあてはまる言葉を、それぞれ文章中から六字と三字で抜き出しなさい。

・アンネ＝フランクが、ナチス・ドイツに占領されたオランダで、[a]から逃れるために身を潜めたアムステルダム市内の中心部にある[b]で、二年あまりに渡って書き続けたもの。

a □□□□□□
b □□□

ヒント ――線部の直後の部分に着目しよう。

(2) ――線②「そうした状況」とは、どんなものですか。次から一つ選び、記号で答えなさい。

ア とても貧しく、ほしいものが手に入らない状況。
イ 自由がなく、精神的にも追いつめられている状況。
ウ 孤独で、頼れる人がそばに一人もいない状況。

（　　）

ヒント ――線部より前の部分から読み取ろう。

(3) ――線③「アンネの日記は、普通の日記とは少し異なっていました」とありますが、どんな日記であるかがわかる一文を文章中から探し、初めの五字を抜き出しなさい。

□□□□□

ヒント 「～では（も）なく」という表現に注目しよう。

ぴたトレ 3 確認テスト

なぜ物語が必要なのか

1 思考・判断・表現 文章を読んで、問いに答えなさい。

教科書24ページ18行〜26ページ5行

アンネは現実には存在しない人物を創造し、日記の中で彼女と会話を交わします。まるでキティーからの返事を受け取ったかのような気持ちで、新たなページを自分の言葉で埋めてゆきます。母親への不満、支援者への感謝、ペーターへの恋心、死の恐怖、将来の夢……。胸にわき上がってくる全てを、キティーに語ります。

窮屈な生活の中、日記帳を開いている間だけは、思う存分、自由を味わうことができました。隠れ家に閉じ込められたアンネにとって、キティーのいる物語は、果てしない自由の世界そのものでした。

日記を読んだ時、書くことがこんなにも人の心を解き放つのかと、私は衝撃を受けました。書くという方法を使えば、自分も自由を得られるのだ。そう思い、早速、大学ノートを買ってきました。それが作家の原点になったと言えるでしょう。

私は彼女がキティーに語りかけたのを真似(まね)し、アンネに向かって悩(なや)みを打ち明けるように、友達関係の難しさや両親とのいざこざを、大学ノートに書きはじめました。時代も立場も飛び越えて、同世代の悩みを共有している気分でした。彼女との間に交わした空想の友情が、どれほど私の救いになってくれたか知れません。当時、私にとっての親友は、自分なりにこしらえた物語の世界に住む、決して会うことのできない少女だったのです。

十三歳から十五歳まで、隠れ家生活にあっても、アンネ＝フラン

(1) ――線①「アンネは現実には……交わします」について、次の問いに答えなさい。

① 「現実には存在しない人物」の名前を、文章中から抜き出しなさい。 5点

② アンネは、①の人物と具体的にどんな「会話」を交わしたのですか。文章中の言葉を用いて答えなさい。 10点

よく出る (2) ――線②「書くという方法を使えば、自分も自由を得られるのだ」とありますが、アンネの日記のどんな点についてこう述べているのですか。 20点

(3) ――線③「それが作家の原点になった」とありますが、どういうことですか。次から一つ選び、記号で答えなさい。 15点

ア アンネのように空想の人物を創造したことで、想像力が豊かになったということ。

イ アンネの日記について書いた文章がきっかけで、作家になることができたということ。

ウ アンネを真似し、大学ノートに文章を書いたことが作家の出発点だったということ。

エ アンネの日記をお手本にして、自分の最初の作品を書いたということ。

(4) ――線④「私にとっての親友」の名前を、文章中から抜き出しなさい。 5点

考える (5) ――線⑤「その事実を、アンネの日記は証明しています」とありますが、どういうことですか。文章中の言葉を用いて答えなさい。 25点

時間20分 ／100点 合格75点 解答 p.1

クの心は成長してゆきました。ただ反抗心をむき出しにするばかりでなく、こうありたいと願う自分の、本来の姿を静かに模索するようになっていました。たとえ肉体は狭い場所に閉じ込められていようとも、心はどこまでも豊かに深まってゆくのです。⑤その事実を、アンネの日記は証明しています。

　一九四四年八月四日、何者かの密告により、隠れ家の人々は連行されます。一九四五年、アンネはドイツの強制収容所ベルゲン＝ベルゼンで、チフスのため命を落としました。家族の中で生き残ったのは、父のオットー一人きりでした。アンネの日記は一九四四年八月一日、火曜日が最後です。いつものとおり、親愛なるキティーへ、で始まり、じゃあまた、アンネ＝M＝フランクより、で終わっています。

小川 洋子「なぜ物語が必要なのか」より

2 ――線のカタカナを漢字で書きなさい。　各5点

① 点をカクトクする。
② タマシイを込める。
③ 両親にアてた手紙。
④ ギセイになる。

1						2			
(1) ①	(1) ②	(2)	(3)	(4)	(5)	①	②	③	④

ぴたトレ 1
要点チェック

私
（漢字の練習1）

三崎（みさき）亜記（あき）

解答 p.2

1 新しく習った漢字 読み仮名を書きなさい。

①督促状（　　） ②尋ねる（　　） ③お辞儀（　　） ④特殊（　　）
⑤一致（　　） ⑥変更（　　） ⑦蓄積（　　） ⑧散髪（　　）
⑨究める（　　） ⑩出納帳（　　） ⑪辞める（　　） ⑫授かる（　　）
⑬強いる（　　） ⑭背く（　　） ⑮街道（　　） ⑯承る（　　）
⑰専ら（　　） ⑱和やか（　　） ⑲競う（　　） ⑳小児科（　　）
㉑峡谷（　　） ㉒夕映え（　　） ㉓歩合（　　） ㉔代物（　　）

2 重要語句 正しい意味を下から選び、記号で答えなさい。

①（　　）圧迫　　ア　強くおしつけること。
②（　　）照合　　イ　突き合わせて確かめること。

3 登場人物 物語に出てくる人物名を書きなさい。

①「私」…物語の主人公。
②（　　）…役所の窓口に来た人。
③（　　）…図書館で「私」に対応した人。

4 場面設定 それぞれの場面の場所を書きなさい。

①（　　）…「私」の勤め先。
②（　　）…「私」が仕事の帰りに立ち寄った場所。

得点UPポイント

「二重の情報」に対する捉え方の違いに注目する！

☑ 二つの場面における、「二重の情報」にまつわる物語である。
☑「二重の情報」に対する人物の捉え方の違いを読み取ろう。

左の文章では、「二重の情報」について、二人が話しているよ。

ぴたトレ 2 練習

私

タイムトライアル 8分

解答 p.2

1 読解問題　文章を読んで、問いに答えなさい。

教科書36ページ10行〜37ページ4行

「確かに、あなたの情報は消去されました。ですがそれは、二つ存在した全く同じ情報のうちの一つなのです。どちらが消されても、残った情報はあなた自身のものですよ。」

身ぶりを交え、親身になっていることを強調した私の説明に、彼女は悲しそうに首を振るばかりだ。

「①経験していない人には、わからないでしょうね。」

②督促状(とくそく)に印字された名前に、彼女は敵意のこもった視線を落とす。危険な兆候だ。その「敵意」が、こちらに向けられないよう、対応は更(さら)に慎重を期さねばならない。

「字面(じづら)が一緒というだけで、ここに記されているのは、『私』の名前ではないんです……。」

「わかりました。それでは、どういった解決策が取れるかを、一緒に考えてみましょう。」

歩み寄りの姿勢を見せることで、相手に、問題をともに解決する「味方」として認識させることが肝要だ。だが、彼女は私の言葉など聞こえなかったかのように、自ら「③解決策」を口にした。

「その、消してしまったデータというのが、本当の私の名前なんです。お願いします。消去したデータのほうを復元してもらえますか。」

三崎　亜記「私」〈短篇(たんぺん)ベストコレクション―現代の小説2012〉より

(1) ――線①「経験していない人には、わからないでしょうね」とありますが、「経験」とはどんなことですか。次から一つ選び、記号で答えなさい。

ア 本当の自分の名前を消されるということ。
イ 自分の名前を消されたことを信じてもらえないこと。
ウ 二つあったデータの一方を消されること。
エ 自分の情報を二重に登録されるということ。

（　　）

ヒント　あとの部分の「彼女」の発言の内容に着目しよう。

(2) ――線②「督促状に印字された名前に、彼女は敵意のこもった視線を落とす」とありますが、それはなぜですか。次の文中の□にあてはまる言葉を、文章中から六字で抜き出しなさい。（記号を含む。）

・「彼女」はその名前を、□ではないと思っているから。

ヒント　直後の「彼女」の言葉から読み取ろう。

(3) ――線③「解決策」とは、どんなことですか。それがわかる一文を文章中から探し、初めの五字を抜き出しなさい。

ヒント　直後の「彼女」の言葉に着目して読み取ろう。

ぴたトレ 3

確認テスト

私

時間20分

／100点

合格75点

解答 p.2

1 思考・判断・表現 文章を読んで、問いに答えなさい。

教科書38ページ2行～39ページ8行

私は電話を切り、「お待たせして申し訳ありません。」と女性に断りながら、個別システムの住民データを更新（こうしん）した。画面上には、先ほどまでとは置き換えられた……、だが、内容的にはなんら変わりはない、彼女の督促（とくそく）データが表示された。

そのデータを元に、私は①督促状を印刷し直した。

「こちらでいかがでしょうか。」

新しい督促状を差し出すと、②彼女は不安そうな面持ちで、そこに印字された文字を見つめた。もちろん、今までの督促状と一字一句変わらないものではあったが……。

③「ああ！　確かに私の名前です！」

彼女は、心の底から安堵（あんど）したように言うと、嬉（うれ）しそうに督促状を胸に抱え込んだ。

「古いほうの督促状は、シュレッダーにかけてもらえますか。」

未納料金を払（はら）った彼女は、立ち去りかけて振り返り、そう念押しした。

「かしこまりました。」

彼女が立ち去ってから、私はフロアの片隅のシュレッダーに向かった。ちょうど他にも廃棄書類が溜（た）まって

(1)　――線①「督促状」とありますが、ここでの「督促状」とはどんなものですか。文章中の言葉を用いて答えなさい。　10点

(2)　――線②「彼女は不安そうな面持ちで、そこに印字された文字を見つめた」とありますが、なぜ「不安そう」なのですか。次から一つ選び、記号で答えなさい。　15点

ア　本物の自分の名前になると、未納料金を払わなければならないから。

イ　本物の自分の名前がどんなものかわからなかったから。

ウ　今までの督促状と変わらないことに気づいたから。

エ　本物の自分の名前に変わっているかどうかまだわからないから。

よく出る

(3)　――線③「ああ！　確かに私の名前です！」とありますが、このときの「彼女」はどんな気持ちだと考えられますか。　15点

(4)　――線④「今の『市民対応』」とありますが、「私」はそれをどのように評価していますか。文章中の言葉を用いて答えなさい。　15点

考える

(5)　――線⑤「私が『私』であるということ」とありますが、そのことについて「私」が考えた内容を、文章中の言葉を用いて答えなさい。　25点

いたところだ。個人情報関連の書類をシュレッダーにかけながら、今の④「市民対応」を振り返る。

　相手の言わんとするところに理解を示し、対処法を筋道立て、臨機応変に対応し、納得して帰ってもらう。我ながら満足のいく「模範的な市民対応」であった。

　今回の事例は、私一人で把握しておけばいい案件ではなかった。「重複データ消去時の、住民データの個人との同一希薄性発生時の対応」として市民対応マニュアルに追加し、課題と解決策とを課内で共有化しなければならない。

　それにしても、住民情報データと個人が、これほど密接に結びついているとは、思ってもみなかった。考えてみれば、⑤私が「私」であるということを証明できるのは、こうして役所にデータがあるからこそだ。もしかしたら、それら全てのデータがなくなってしまったら、「私」という存在そのものも消えてしまうのではないだろうか？

　シュレッダーで無数の「個人情報」を裁断しながら、私はつい、そんな想像をしてしまった。

三崎　亜記「私」〈短篇ベストコレクション―現代の小説2012〉より

2 ――線のカタカナを漢字で書きなさい。　各5点

① 道をタズねる。　② トクシュな場合を調べる。

③ 完全にイッチする。　④ 疲れがチクセキする。

1					2			
(1)	(2)	(3)	(4)	(5)	①	②	③	④

ぴたトレ 1 要点チェック

薔薇(ばら)のボタン

梯(かけはし) 久美子(くみこ)

解答 p.3

1 新しく習った漢字　読み仮名を書きなさい。

①壁（　） ②爆風（　） ③悲惨（　） ④丁寧（　）
⑤涙（　） ⑥塊（　） ⑦象徴（　）

2 今までに習った漢字　読み仮名を書きなさい。

①裂ける（　） ②縫う（　） ③飾り（　） ④脱ぐ（　）
⑤撮る（　） ⑥継続（　） ⑦驚く（　） ⑧花柄（　）
⑨汚れ（　） ⑩衝撃（　） ⑪残酷（　） ⑫陰影（　）
⑬闇（　） ⑭掲載（　） ⑮一瞬（　） ⑯慎重（　）
⑰鮮やか（　） ⑱恐ろしい（　） ⑲触れる（　） ⑳隠れる（　）

3 重要語句　正しい意味を下から選び、記号で答えなさい。

①（　）あせる
②（　）ほつれる
③（　）遺品
④（　）損なう
⑤（　）相場
⑥（　）悲惨
⑦（　）実感
⑧（　）象徴

ア 実物に接したように感じられること。
イ 見ていられないほど痛ましいこと。
ウ 縫い目などがほどける。
エ 退色する。色がさめる。
オ 死後に残した品物。
カ 抽象(ちゅうしょう)的なものをわかりやすく表したもの。
キ だめにする。傷つける。
ク ある物事に関する一般的な評価。

得点UPポイント

筆者が感じたことを読み取る！

☑「薔薇のボタン」は、筆者がある写真とその背景について述べた文章である。
☑ 写真を見た筆者が感じたことを読み取ろう。

左の文章は、写真に対する「驚き」を述べたものだよ。

ぴたトレ 2 練習

薔薇(ばら)のボタン

タイムトライアル 8分

解答 p.3

1 読解問題 教科書の文章を読んで、問いに答えなさい。 教科書48ページ上1行〜50ページ上11行

● 教科書48ページ上1行 「仕事部屋の壁に……

● 教科書50ページ上11行 ……意志が感じられた。」

(1) 48ページ上3行「細長く裂けた二枚の布地」とありますが、その正体は何ですか。文章中から十一字で抜き出しなさい。

ヒント 同じ段落の中から読み取ろう。

(2) 48ページ上11行「治療の際、脱がせようとして鋏(はさみ)を入れたのではないか」とありますが、そう考えられる理由を文章中から二つ探し、それぞれ初めと終わりの五字を抜き出しなさい。

〜

〜

ヒント 「〜から」という、理由を表す言葉を探してみよう。

(3) 48ページ下8行「『ひろしま』という写真集」には、どんな作品が収録されていますか。写真に写っているものがどんな意味をもつものかがわかる一文を文章中から探し、初めの五字を抜き出しなさい。

ヒント 同じ段落の中から読み取ろう。

(4) 48ページ下9行「驚いたのは、その服たちの美しさである」とありますが、どういうことですか。次の文中の□にあてはまる言葉を、それぞれ文章中から五字と四字で抜き出しなさい。

・当時の a が、今でも十分着られそうな b の服を着ていたことに驚いたということ。

a

b

ヒント 直後の部分から読み取ろう。

(5) 50ページ上6行「もう一つの驚きは、写真そのものが美しかったことだ」とありますが、驚いた理由がわかる一続きの二文を文章中から探し、初めの五字を抜き出しなさい。

ヒント 従来の広島の遺品の写真はどんなものだったのかな。

ぴたトレ 3 確認テスト

薔薇（ばら）のボタン

時間20分　／100点　合格75点　解答 p.3

1 思考・判断・表現　教科書の文章を読んで、問いに答えなさい。

教科書50ページ上12行～52ページ下8行

● 教科書50ページ上12行「衝撃を受けた私は……
● 教科書52ページ下8行……あの手。」

(1) 50ページ上12行『被爆した人の遺品をあんなふうに美しく撮るのは勇気がいったのではないですか。』について、次の問いに答えなさい。

① そのように質問した理由がわかる一文を文章中から探し、初めの五字を抜き出しなさい。　5点

② 石内（いしうち）氏はどんな考えで遺品を「美しく撮」っているのですか。文章中の言葉を用いて答えなさい。　10点

よく出る
③ 「美しく撮」られた遺品からは、どんなことが伝わってきますか。文章中から四十七字で探し、初めと終わりの五字を抜き出しなさい。　5点

(2) 50ページ下2行「私ははっとした」とありますが、なぜ「はっとした」のですか。簡潔に答えなさい。　10点

(3) 50ページ下11行「昭和二十年八月六日の広島で、あんなにきれいな服を着ていた女の人たちがいたのはなぜか」とありますが、その理由を次から一つ選び、記号で答えなさい。　5点

ア 貴重品を身につけることが女性の習慣になっていたから。
イ おしゃれに関心の高い女性は服を自分で縫っていたから。
ウ 女性が地味な服の下にしゃれた服を着ていたから。
エ 広島の女性の間ではしゃれた服が流行していたから。

(4) 51ページ上3行「このこと」とありますが、どんなことですか。次から一つ選び、記号で答えなさい。　5点

ア 昭和二十年の戦時下で、女の人がきれいな服を持っていたということ。
イ 昭和二十年の戦時下で、女の人はみなもんぺをはいていたということ。
ウ 昭和二十年の戦時下では、女の人はおしゃれには関心がなかったということ。
エ 昭和二十年の戦時下で、女の人が自分のためにひそかにおしゃれをしていたということ。

(5) 51ページ上5行「私が感じたのと同じ気持ち」とありますが、それはどんなものですか。文章中の言葉を用いて答えなさい。　15点

(6) 51ページ上10行「薔薇のボタンのブラウス」とありますが、同じものを表している別の表現を、文章中から九字で抜き出しなさい。 5点

(7) 51ページ上15行「そのとき初めて、これがブラウスだとわかった」とありますが、なぜ「ブラウスだとわかった」のですか。文章中の言葉を用いて答えなさい。 10点

考える

(8) 51ページ下3行「ぼろぼろの布の塊(かたまり)を息をつめて見ていた女たち」とありますが、「女たち」が「息をつめて」「布の塊」を見ていたのはなぜですか。「戦争」「共感」という言葉を用いて答えなさい。 10点

2 ――線のカタカナを漢字で書きなさい。 各5点

① カベに絵を飾る。

② バクフウにさらされる。

③ 大きな土のカタマリ。

④ 国のショウチョウ。

1										2	
(1)			(2)	(3)	(4)	(5)	(6)	(7)	(8)	①	③
①	②	③ 〜								②	④

ぴたトレ 1 要点チェック

メディア・リテラシーはなぜ必要か？

森（もり）達也（たつや）

解答 p.5

1 これまでに習った漢字 読み仮名を書きなさい。

①雌（　） ②餌（　） ③衰弱（　） ④狩り（　）
⑤痩せる（　） ⑥捉える（　） ⑦解釈（　） ⑧端的（　）
⑨偉い（　） ⑩書籍（　） ⑪迎える（　） ⑫攻撃（　）
⑬融合（　） ⑭越える（　） ⑮滅びる（　）

2 重要語句 正しい意味を下から選び、記号で答えなさい。

①（　）多面的
②（　）格差
③（　）雨後の筍（たけのこ）
④（　）野蛮

ア 物事が次々に起こること。
イ 文化が開けていないこと。
ウ 物事がさまざまな方面に渡る様子。
エ 程度などの違いや差。

3 事例 文章に出てくる事例を書きなさい。

アフリカの①（　）…雌ライオン及び、雌のインパラを②（　）としたもの。

4 主張 この文章で筆者が主張していることを書きなさい。

「（　）を身につけよう」ということ。

得点UPポイント

筆者の主張を意識する！

☑「メディア・リテラシーはなぜ必要か？」は情報について述べた文章である。
☑ 文章の中の事例と主張を区別しながら読もう。

左の文章では、筆者が情報についての考えを述べているよ。

ぴたトレ 2

練習

メディア・リテラシーはなぜ必要か？

タイムトライアル 8分

解答 p.5

1 読解問題 文章を読んで、問いに答えなさい。

教科書61ページ下1行～62ページ上5行

世界はとても多面的だ。多重的で多層的。どこから見るかで景色は全く変わる。ここでは動物のドキュメンタリーを例にあげたが、あなたがスマホでチェックするニュース、あるいはSNSで誰かが書いた情報も、①全て構造は同じなんだと知ってほしい。フリードリヒ＝ニーチェは、以下の言葉を残している。

「②事実はない。あるのは解釈だけだ。」

十九世紀のドイツに生まれたニーチェは、テレビもスマホもSNSも知らない。でもこの言葉は、情報と、その情報を伝える手段であるメディアの本質を、とても端的に表している。解釈とは、その事実に接した人の視点。あるいは思い。それが情報として伝えられる。でも多くの人は情報を見たり読んだりした段階で、それを事実そのものだと思いこんでしまう。

③百パーセント正確な事実は伝えられない。メディアがまちがえることもある。情報とは常に、それを伝える人の視点なのだ。これはメディア・リテラシーを身につけるためのファーストステップであり、メディア・リテラシーの本質でもある。言いかえれば、このメカニズムをしっかりと意識に刻むことができれば、メディア・リテラシーはほぼ達成されているといえる。

森 達也「メディア・リテラシーはなぜ必要か？」より

(1) ——線①「全て構造は同じなんだ」とありますが、世界はどんな「構造」だといえるのですか。それがわかる言葉を、文章中から三つ探し、それぞれ三字で抜き出しなさい。

ヒント 「世界」はどんなものだと書かれているかを読み取ろう。

(2) ——線②「事実はない。あるのは解釈だけだ」とありますが、どういうことをいっているのですか。次から一つ選び、記号で答えなさい。

ア 解釈する人がいなければ事実は存在しないということ。
イ いくつかの解釈が結びついて事実を作っているということ。
ウ 事実に接した人にしか解釈する資格がないということ。
エ 解釈をする人の視点や思いが事実をゆがめているということ。

（　　）

ヒント ——線部のあとの二つの段落から読み取ろう。

(3) ——線③「百パーセント正確な事実は伝えられない」とありますが、そのことから、筆者は何を身につけることが必要だと述べていますか。文章中から十字で抜き出しなさい。（記号を含む。）

ヒント 情報を受け取る際、「達成」されるべきものは何かな。

ぴたトレ 1

要点チェック

漢字の広場1 呉音(ごおん)・漢音・唐音(とうおん)

解答 p.5

1 新しく習った漢字　読み仮名を書きなさい。

① 呉音（　　）　② 唐音（　　）　③ 煩雑（　　）　④ 実践（　　）

⑤ 煎茶（　　）　⑥ 矯正（　　）　⑦ 平癒（　　）　⑧ 一巡（　　）

⑨ 狂言（　　）　⑩ 静寂（　　）　⑪ 直轄（　　）　⑫ 奨学金（　　）

⑬ 肯定（　　）　⑭ 呪文（　　）　⑮ 未曽有（　　）

2 重要語句　正しい意味を下から選び、記号で答えなさい。

①（　　）行脚(あんぎゃ)　　ア 混み入っていてわずらわしいこと。

②（　　）煩雑　　イ 病気が治ること。

③（　　）矯正　　ウ 欠点などを直すこと。

④（　　）平癒　　エ 修行(しゅぎょう)で僧が諸国を歩くこと。

スタートアップ

漢字は中国から伝来した。中国での発音をまねて読んだのが音読みである。同じ漢字でも、日本に伝わった時代や地方の違いから、いくつかの音(おん)をもつものがある。

呉音

最も古い時代（七世紀まで）に、中国の中南部経由で伝来した音。

例 明日（ミョウ）　経文（キョウ）　行者（ギョウ）

漢音

中国の隋(ずい)や唐の時代に、遣隋使(けんずいし)・遣唐使や留学僧などによって、中国の北部から伝来した音。

例 明月（メイ）　経験（ケイ）　銀行（コウ）

唐音

比較的新しい中国の唐末期や宋(そう)の時代に、中国の南部から伝来した音。

例 明朝（ミン）　看経（キン）　＊常用漢字表にはない読み。

行灯（アン）

慣用音

日本では広く使われている音。

例 消耗（モウ）　運輸（ユ）

雑誌（ザツ）

中国から日本に、違った時代に異なる音が伝わったんだね。

ぴたトレ 2

練習

漢字の広場1　呉音・漢音・唐音

タイムトライアル 8分

解答 p.5

1 次の——線の漢字の音が「呉音」ならア、「漢音」ならイ、「唐音」ならウを書きなさい。（漢和辞典で確かめる。）

① a 仮面　b 仮病

② a 外科　b 外国

③ a 頭痛　b 先頭

④ a 目標　b 面目

2 次の□に共通して入る漢字をあとから選んで書きなさい。

① □産　□言　　② □所　使□

③ □至　初□　　④ □楽　母□

⑤ □文　□過　　⑥ 地□　意□

⑦ 幼□　小□科　　⑧ □接　正□

⑨ 天□　□神　　⑩ □界　□内

女・役・音・直・間・夏・児・境・遺・経・図

3 次の——線の漢字の別の音を使った二字熟語を、それぞれ書きなさい。

① 有効　② 対決

③ 強敵　④ 確率

⑤ 暴力　⑥ 化学

⑦ 献身　⑧ 右折

⑨ 予鈴　⑩ 静止

⑪ 商店街　⑫ 定説

1			
① a	① b	② a	② b
③ a	③ b	④ a	④ b

2				
①	②	③	④	⑤
⑥	⑦	⑧	⑨	⑩

3			
①	②	③	
④	⑤	⑥	
⑦	⑧	⑨	
⑩	⑪	⑫	

ぴたトレ 1 要点チェック

文法の小窓1　助詞のはたらき

解答 p.5

1 これまでに習った漢字　読み仮名を書きなさい。

①遅れる（　　）　②並立語（　　）　③湿度（　　）　④弾く（　　）

⑤優しい（　　）　⑥叱る（　　）　⑦吹く（　　）　⑧菓子（　　）

⑨書斎（　　）　⑩諦める（　　）　⑪懸命（　　）　⑫咲く（　　）

2 重要語句　正しい意味を下から選び、記号で答えなさい。

①（　　）対象　　**ア** 物事の種類などを見分けること。

②（　　）湿度　　**イ** 確かめること。

③（　　）念押し　　**ウ** 行為(こうい)の目的となるもの。

④（　　）識別　　**エ** 空気中の水蒸気の割合。

スタートアップ

付属語（単独で意味をもたず、常に自立語に付属している）で、活用がなく、語と語の関係を示したり、意味を加えたりする語。

助詞の種類

●格助詞…主に体言について、主語や修飾語の成分をつくる。

例 雨が降る。（主語）　彼女の手紙。（連体修飾語）
南へ向かう。（連用修飾語）

●接続助詞…活用語（用言や助動詞）について、接続語の成分をつくる。

例 暑いから海へ行く。（順接）
おいしいが高い。（逆接）
とんだりはねたりする。（並立）
食べてみる。（補助）

●副助詞…いろいろな語について、さまざまな意味をつけ加える。

例 一度ぐらいいいよ。（程度）
食べてばかりいる。（限定）
京都、鎌倉(かまくら)などの古都。（例示）
明日こそやるぞ。（強調）

●終助詞…文や文節の終わりについて、話し手の気持ちや態度を示す。

例 廊下を走るな。（禁止）　きれいな夕日だなあ。（感動）

ぴたトレ 2 練習

文法の小窓1 助詞のはたらき

タイムトライアル 8分

解答 p.5

1 次の――線の格助詞は、どんな成分や関係をつくっていますか。下から選び、記号で答えなさい。

① これは、私の絵だ。
② これは、私の描いた絵だ。
③ おじいさんとおばあさんがいた。
④ おじさんと公園に出かけた。

ア 主語
イ 連体修飾語
ウ 連用修飾語
エ 並立の関係

2 次の――線の接続助詞の意味をあとから選び、記号で答えなさい。

① もう九月だというのに、まだセミが鳴いている。
② 今日は、雨も強いし風も強い。
③ そんなに気に入ったなら、君にあげよう。

ア 順接　イ 逆接　ウ 並立・同時

3 「私に□話す。」の空欄（くうらん）に、次の意味をつけ加える場合、適切な助詞をあとから選び、記号で答えなさい。

① 他の人には話さない。
② 他の人にも話している。
③ いつも私に話す。
④ きっと誰にでも話している。

ア も　イ さえ　ウ しか
エ だけ　オ ばかり

4 次の――線の助詞のうち、種類や意味が他と違っているものを一つずつ選び、記号で答えなさい。

① ア 晴れているが、寒い。　イ そのほうが、いいと思う。　ウ 残念だが、中止だ。　エ 失礼ですが、どなたですか。
② ア みんなで歌おう。　イ クレヨンで色を塗る。　ウ 風邪で欠席した。　エ 車内は混んでいた。
③ ア テレビを見ながら寝た。　イ 考えごとをしながら歩く。　ウ 笑いながら通りすぎた。　エ 見ていながら何もできない。
④ ア この色がいいな。　イ 館内で騒ぐな。　ウ 夜ふかしをするな。　エ 車道に出るな。
⑤ ア 友達に誘われる。　イ 雪がとけて水になる。　ウ 日曜なのに予定ない。　エ 毎日学校に行く。
⑥ ア 兄も姉も元気だ。　イ 一万円もかかった。　ウ 三日間もかかった。　エ 雪が一メートルも積もった。

1	2	3	4	
①	①	①	①	⑥
②	②	②	②	
③	③	③	③	
④		④	④	
			⑤	

ぴたトレ 1 要点チェック

AI(エーアイ)は哲学(てつがく)できるか

森岡(もりおか) 正博(まさひろ)

解答 p.6

1 新しく習った漢字 読み仮名を書きなさい。

① 哲学（　　　）② 抽出（　　　）③ 普遍的（　　　）

2 重要語句 正しい意味を下から選び、記号で答えなさい。

①（　）領域
②（　）抽出
③（　）切実
④（　）内発
⑤（　）次元
⑥（　）普遍的
⑦（　）陥落

ア 内部から自然に発生すること。
イ 力などが及ぶ範囲。
ウ 多くの中から特定のものを抜き出すこと。
エ 攻め落とされること。
オ 広く行き渡る様子。
カ 物事の程度や水準。
キ 心に強く感じること。

3 テーマ 文章のテーマを書きなさい。

（　　　　　　　　）と哲学の関係。

4 要約 それぞれのまとまりの要約を書きなさい。

①「（　　　　　）」というアプリについて。
②哲学的人工知能に対する（　　　　　）な疑問について。
③人工知能が（　　　　　）の次元に到達するには。

得点UPポイント

疑問と答えを読み取る！

☑「AIは哲学できるか」は、AI、及び哲学がどんなものかを述べている。
☑筆者の疑問点と、それに対する答え（主張）を読み取ろう。

左の文章では、「根本的な疑問」について述べているよ。

ぴたトレ 2

練習

A(エーアイ)Iは哲学(てつがく)できるか

タイムトライアル 8分

解答 p.6

1 読解問題　文章を読んで、問いに答えなさい。

教科書77ページ11行～18行

　しかし①根本的な疑問が起きてくる。この哲学的人工知能は本当に哲学の作業を行っているのだろうか。外部から入力されたデータの中に未発見のパターンを発見したり、人間によって設定された問いに解を与えたりするだけならば、それは哲学とは呼べない。

　②そもそも哲学は、自分自身にとって切実な哲学の問いを内発的に発するところからスタートするのである。例えば、「なぜ私は存在しているのか？」とか「生きる意味はどこにあるのか？」という問いが切実なものとして自分に迫ってきて、それについてどうしても考えざるを得ないところまで追い込まれてしまう状況こそが哲学の出発点なのだ。人工知能は、このような切実な哲学の問いを内発的に発することがあるのだろうか。そういうことは当分は起きないと私は予想する。

森岡　正博「AIは哲学できるか」より

(1) ――線①「根本的な疑問」について、次の問いに答えなさい。

① それはどんな「疑問」ですか。文章中から一文で探し、初めの五字を抜き出しなさい。

□□□□□

② 「疑問」に対して、筆者はどんな考えをもっていますか。

(　　)

ヒント 「哲学とは呼べない」とあることに注目する。

(2) ――線②「そもそも哲学は、……スタートするのである」について、次の問いに答えなさい。

① 「自分自身にとって切実な哲学の問い」とは、具体的にどんなものですか。文章中から二つ探し、それぞれ初めの五字を抜き出しなさい。(記号は含まない。)

□□□□□

□□□□□

② ①のような「哲学の問い」に対し、「人工知能」はどうだと筆者は考えているのですか。次から一つ選び、記号で答えなさい。

ア 切実な哲学の問いを内発的に発することができる。
イ 切実な哲学の問いを内発的に発することはできない。
ウ 切実な哲学の問いを外発的に発することができる。

(　　)

ヒント 最後の二文を読んでみよう。

ぴたトレ 3 確認テスト

AI(エーアイ)は哲学(てつがく)できるか

時間20分 ／100点 合格75点

解答 p.6

1 思考・判断・表現 文章を読んで、問いに答えなさい。

教科書77ページ11行～78ページ13行

しかし根本的な疑問が起きてくる。①この哲学的人工知能は本当に哲学の作業を行っているのだろうか。②外部から入力されたデータの中に未発見のパターンを発見したり、人間によって設定された問いに解を与えたりするだけならば、それは哲学とは呼べない。

そもそも哲学は、③自分自身にとって切実な哲学の問いを内発的に発するところからスタートするのである。例えば、「なぜ私は存在しているのか？」とか「生きる意味はどこにあるのか？」という問いが切実なものとして自分に迫ってきて、それについてどうしても考えざるを得ないところまで追い込まれてしまう状況こそが哲学の出発点なのだ。人工知能は、このような切実な哲学の問いを内発的に発することがあるのだろうか。そういうことは当分は起きないと私は予想する。

＊

しかしながら、もし仮に、人間からの入力がないのに人工知能が自分自身にとって切実な哲学の問いを内発的に発し、それについてひたすら考え始めたとしたら、そのとき私は「人工知能は哲学をしている」と判断するだろうし、人工知能は正しい意味で「人間」の次元に到達したのだと判断したくなるだろう。

哲学的には、自由意志に基づいた自律的活動と、普遍(ふへん)的な法則や真理を発見できる思考能力が、人間という類の証しであると長らく

(1) ――線①「この哲学的人工知能は本当に哲学の作業を行っているのだろうか」とありますが、これと同じ内容が述べられている一文を文章中から探し、初めと終わりの五字を抜き出しなさい。(句点を含む。) 10点

よく出る (2) ――線②「外部から入力された……哲学とは呼べない」とありますが、筆者がこのように述べるのは、哲学がどんなものだからですか。文章中の言葉を用いて答えなさい。 20点

(3) ――線③「自分自身にとって切実な哲学の問い」とはどんなものですか。次から一つ選び、記号で答えなさい。 15点

ア 他人よりも自分が劣っているのではないかという問い。

イ 自分が生きるうえで自然と生じてくる問い。

ウ 自分が将来どんな人生を送るのかという問い。

エ 人間には絶対に答えを出すことができない問い。

考える (4) ――線④「人工知能が人間の次元に……私は考えたい」について、次の問いに答えなさい。

① 「それ」は、何をさしていますか。文章中から二つ探し、それぞれ五字と四字で抜き出しなさい。 各5点

② 「それに加えて、内発的哲学能力が必要」なのは、なぜですか。「人間の証し」という言葉を用いて答えなさい。 25点

考えられてきた。しかしそれらは将来の人工知能によっていずれ陥落させられるであろう。

④人工知能が人間の次元に到達するためには、それに加えて、内発的哲学能力が必要だと私は考えたい。人工知能の進化によって、そのような「知性」観の見直しが迫られている。もちろん、彼らが発する内発的な哲学の問いはあまりにも奇妙で、我々の心に全く響かないかもしれない。この点をめぐって人間と人工知能の対話が始まるとすれば、それこそが哲学に新次元を開くことになると思われる。

森岡正博「AIは哲学できるか」より

2 ——線のカタカナを漢字で書きなさい。 各5点

① テツガクの本を読む。
② 樹液をチュウシュツする。
③ フヘン的な事実。
④ 結果をブンセキする。

1 (1)	1 (2)	1 (3)	1 (4) ①	1 (4) ②	2 ①	2 ②	2 ③	2 ④
〜								

ぴたトレ 1 要点チェック

漢字の広場2　熟字訓

スタートアップ

漢字一字ではなく、二字以上の熟語全体として特別な読み方をするものを「熟字訓」という。

例 時（ジ・とき）＋雨（ウ・あめ・あま）
→時雨（しぐれ）

●熟字訓には、音読みすることができるものもある。

例 「明日」（あす・ミョウニチ）
「五月」（さつき・ゴガツ）
「紅葉」（もみじ・コウヨウ）

※熟字訓と、音読みや他の訓読みとでは、意味や用法が異なるものがある。

例 「今日」｛きょう…この日。本日。／コンニチ…今の時代。現在。｝
「上手」｛じょうず…巧（たく）みで、手際がよいこと。／かみて…上座に近い方。｝
「大人」｛おとな…一人前の人。／タイジン…体の大きな人。｝

「常用漢字表」の「付表」にあげられた一一六語は、読めるようにしておこう。

1 新しく習った漢字　読み仮名を書きなさい。

①老舗（　　）　②弥生（　　）　③伯父（　　）　④乙女（　　）
⑤為替（　　）　⑥早苗（　　）　⑦鍛冶（　　）　⑧相撲（　　）
⑨硫黄（　　）　⑩木綿（　　）　⑪紛糾（　　）　⑫固唾（　　）
⑬搬入（　　）　⑭伯母（　　）　⑮草履（　　）　⑯凸凹（　　）
⑰最寄り（　　）　⑱行方（　　）　⑲早乙女（　　）

2 重要語句　正しい意味を下から選び、記号で答えなさい。

①（　　）老舗　　ア 格式や信用のある店。
②（　　）紛糾　　イ 品物を運び入れること。
③（　　）搬入　　ウ 意見などが対立してもつれること。

解答 p.7

ぴたトレ **2** 練習

漢字の広場2　熟字訓

解答 p.7

1 次の――線の言葉の読み方を書き、意味をあとから選んで記号で答えなさい。

① そんな意気地のないことを言ってはいけない。
② 五月雨の季節は雨の日が続く。
③ 春先は雪崩が多いから気をつけよう。
④ 今日は本当にいい日和ですね。
⑤ 外は激しい吹雪だ。
⑥ 海外旅行の土産をもらう。
⑦ たくさんの若人が集まる。
⑧ 夏休みを父の田舎で過ごす。
⑨ 休みの日に、庭の芝生の手入れをする。
⑩ 着物を着るので、足袋を買いに行く。

ア 強い風に吹き飛ばされながら雪が降ること。
イ しっかりしようとする気持ち。
ウ 天気。空模様。
エ 生まれ故郷。
オ 和装のとき、足に履くもの。
カ 芝が一面に生えている所。
キ 若い人。青年。
ク その土地の産物。
ケ 陰暦の五月頃に降る雨。梅雨。
コ 大量の雪が急激に崩れ落ちること。

1									
①	②	③	④	⑤	⑥	⑦	⑧	⑨	⑩
読み方	読み方	読み方	読み方	読み方	読み方	読み方	読み方	読み方	読み方
意味	意味	意味	意味	意味	意味	意味	意味	意味	意味

ぴたトレ 1
要点チェック

言葉の小窓1 和語・漢語・外来語
（漢字の練習2）

解答 p.7

スタートアップ

日本語の単語は、成り立ちによって三つの語種に分けることができる。

和語
もともと日本にあった言葉。大和言葉。漢字の訓。
例 山・高い・する・上げる・が・れる

漢語
中国の言葉を取り入れて日本語になった言葉。日本で作られたもの（和製漢語）もある。漢字の音。
例 兄弟・金属・向上・無尽蔵・我田引水

外来語
中国語以外の言語から入ってきた言葉。主に片仮名表記。「和製英語」は外来語とはいえない。
例 マナー・コスト・アニメーション
（和製英語）ナイター

混種語
和語・漢語・外来語が混ざり合った言葉。音読みと訓読みの組み合わせ、漢字または平仮名と片仮名の組み合わせ。
例 裏地（和語＋漢語）
紙コップ（和語＋外来語）

---

1 新しく習った漢字 読み仮名を書きなさい。

①閲覧（　） ②威嚇（　） ③鼓動（　） ④醸造（　）
⑤真摯（　） ⑥緻密（　） ⑦弊害（　） ⑧遡る（　）
⑨中枢（　） ⑩暫時（　） ⑪遵守（　） ⑫勲章（　）
⑬詠嘆（　） ⑭鍵穴（　） ⑮分岐（　） ⑯精進（　）
⑰肖像（　） ⑱鋼（　） ⑲気後れ（　） ⑳楷書（　）
㉑弾劾（　） ㉒高騰（　） ㉓謄写版（　） ㉔旺盛（　）

2 重要語句 正しい意味を下から選び、記号で答えなさい。

①弊害（　） ア 少しの間。
②暫時（　） イ 害になること。

ぴたトレ2 練習

言葉の小窓1 和語・漢語・外来語

解答 p.7

1 次の言葉を、ア和語、イ漢語、ウ外来語、エどれでもない、の四つに分類し、記号で答えなさい。

① 海　② 洋服
③ 湯飲み　④ デッサン
⑤ 太平洋　⑥ 番組
⑦ ガーゼ　⑧ リヤカー
⑨ 扇風機　⑩ 美しい

2 （　）に入る言葉を下から選び、記号で答えなさい。

	（和語）	（漢語）	（外来語）
①	もめごと	（　）	（　）
②	踊　り	（　）	（　）
③	（　）	（　）	ロード
④	贈り物	贈答品	（　）
⑤	（　）	昼　食	（　）

ア ランチ
イ 走り
ウ ダンス
エ 昼飯
オ みち
カ トラブル
キ 舞踊
ク プレゼント
ケ 道路
コ 紛争

3 次の混種語は、それぞれ、ア和語、イ漢語、ウ外来語の何と何が混ざり合ったものですか。記号で答えなさい。

① 窓ガラス
② 野宿
③ ソーダ水
④ 王手
⑤ ピンク色
⑥ 誕生パーティー

1		2		3	
①	⑥	①	④	①	④
②	⑦	②	⑤	②	⑤
③	⑧	③		③	⑥
④	⑨				
⑤	⑩				

ぴたトレ 1
要点チェック

async(アシンク)——同期しないこと

坂本(さかもと)龍一(りゅういち)

解答 p.8

1 これまでに習った漢字 読み仮名を書きなさい。

①震災（　　）②鍵盤（　　）③沈む（　　）④狂う（　　）
⑤振動（　　）⑥薄い（　　）⑦騒音（　　）⑧響き（　　）

2 重要語句 正しい意味を下から選び、記号で答えなさい。

①（　　）遭遇(ぐう)　**ア** 楽器を演奏すること。
②（　　）破壊　**イ** 偶然出会うこと。
③（　　）奏(かな)でる　**ウ** 人で混み合うこと。
④（　　）解放　**エ** 物事を壊すこと。
⑤（　　）雑踏　**オ** そうなる以外にはありえないこと。
⑥（　　）必然性　**カ** 心が狭く、他者を受け入れないこと。
⑦（　　）不寛容(かんよう)　**キ** 自由にすること。

3 経験談 筆者の経験談についてまとめなさい。

津波(つなみ)をかぶった一台の（　　）に遭遇した時のこと。

4 音楽観 筆者の音楽観についてまとめなさい。

（　　）も（　　）も
（　　）も、全ての音が音楽だという考え。

5 主張 筆者の主張についてまとめなさい。

不寛容な時代には、（　　）を聴(き)くことが大切だ。

得点UPポイント

筆者の主張のよりどころを読み取る！

☑ 筆者は、自分の音楽観をもとに、社会との関わり方を述べている。
☑ 筆者の主張のよりどころである音楽観について読み取ろう。

左の文章は、筆者の音楽観を述べたものだよ。

ぴたトレ 2 練習

async（アシンク）——同期しないこと

タイムトライアル 8分

解答 p.8

1 読解問題 文章を読んで、問いに答えなさい。

教科書93ページ7行〜17行

僕は、サウンドを発する道具として、人間が考案した調律に合わせてつくられた楽器よりも、音楽に加工される以前の音に、これまでよりも興味をもつようになった。今、僕が本当に聴（き）きたい音はどういうものなんだろう。僕は音を探し始めた。

ニューヨークの自宅スタジオの裏庭で聴こえる鳥の声や雨の音、枯れ葉を踏みしめる音、通勤時間帯の新宿駅の雑踏の音……。さまざまな場所の音を録音し集めてみた。近所の楽器屋さんに行ってシンバルを買ってきて、コップでこすってみて、なにかおもしろい音が出ないかなと試してみた。コップの大きさが変われば、音も全部変わるから、茶碗（ちゃわん）やコーヒーカップ、いろんなコップを集めて音を出してみる。①そうすると自分の好きな音が出てくる。他にも、振動しているシンバルの上に紙を置いてみたりした。厚い紙、薄い紙。特にわら紙のような薄い紙はすごくいい音がする。僕は②身のまわりのさまざまな物が発する音を楽しみたくなってきた。

坂本 龍一「async——同期しないこと」より

(1) 筆者が興味をもつようになった音はどんな音ですか。文章中から十二字で探し、初めの五字を抜き出しなさい。

ヒント 「興味をもつようになった」という言葉に注目しよう。

(2) ——線①「そうすると自分の好きな音が出てくる」とありますが、どんなことをしたのですか。次の文中の□にあてはまる言葉を、それぞれ文章中から四字と三字で抜き出しなさい。

・[a]に、いろいろな[b]のコップをこすって音を出し、自分の好きな音を探した。

a

b

ヒント 「そうすると」の指示内容を直前から読み取ろう。

(3) ——線②「身のまわりのさまざまな物が発する音」とありますが、これにあてはまらないものを次から一つ選び、記号で答えなさい。

ア 鳥の声や雨の音。

イ 新宿駅の雑踏の音。

ウ 枯れ葉を踏みしめる音。

エ シンバルの音。

（　　）

ヒント 筆者の「興味」がある音にあてはまらないものだよ。

ぴたトレ 3 確認テスト

async（アシンク）――同期しないこと

1 思考・判断・表現 文章を読んで、問いに答えなさい。

教科書94ページ7行～95ページ13行

自然の音や都会の雑踏の音、音にはそれぞれ独自のリズムや響きがある。音は同じ必然性で同じ重要性をもっていて、ゴーッというなんとなく聴こえている音も窓の外から聴こえる通りの音も、存在理由があって存在している。それなのに、人間が勝手にこれはいい音、これは悪い音と決めてしまう。二十四時間ほとんど音に囲まれて生きているのに、生存にあまり必要のない音は無視している。本当はこっちでも音が鳴っているのにそれは聴こえてこない、そういうこともよくある。

それは視覚でも同じで、脳が見たいと思っているものだけを見てしまう。つきつめれば、人間が持っている脳はフィルター越しに世界を見ている、認識していることになる。そのフィルターは人間を同じ一つの檻に閉じこめる。①無自覚のうちに「同期」を促すことによって。

九十九％の音楽というのは、同期している音楽、同期を目ざす音楽だ。どうも人間はネイチャーとして、同期することに快感を覚えるらしく、放っておくと同期をしてしまうらしい。考えるという知的なレベルではなく、生理的に同期してしまう。例えば十人、二十人集まって、それぞれ好きな高さで「アー」と声を出していると、五分から十分くらいで同じ高さにまとまってきてしまう。みんながそれぞれ好きなリズムで手を叩いていても、絶対に合ってしまう。

よく出る

(1) ――線①「無自覚のうちに『同期』を促す」について、次の問いに答えなさい。

① 音に関して、人間が「無自覚のうちに『同期』を促す」とは、どうすることですか。文章中の言葉を用いて答えなさい。 15点

② 視覚に関して、人間が「無自覚のうちに『同期』を促す」とは、どうすることですか。文章中の言葉を用いて答えなさい。 15点

③ 人間が「無自覚のうちに『同期』を促す」具体例として、第三段落で述べられていることを二つ、簡潔に答えなさい。 各10点

考える

(2) ――線②「これは、僕たち人間社会でも同じではないだろうか」について、次の問いに答えなさい。

① 「これ」は、何をさしていますか。次から一つ選び、記号で答えなさい。 10点

ア 自然の中に存在する音楽を愛すること。
イ 人間にとって心地のよい音楽を愛すること。
ウ 同期していない音楽を用いて楽曲をつくること。
エ これまでにはないテンポの音楽をつくること。

② 「人間社会」はどんなものだと筆者は考えているのですか。文章中の言葉を用いて答えなさい。 20点

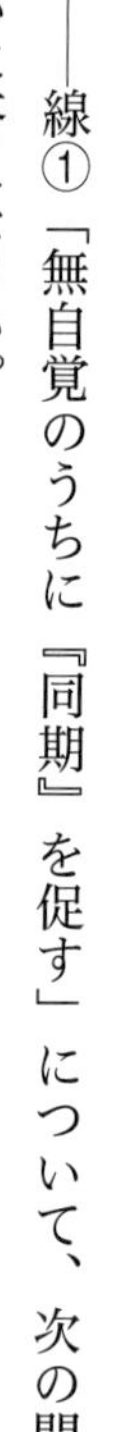

時間20分
／100点
合格75点
解答 p.8

実は、合わせないほうが人間には難しいのだ。

でも僕は、あえてその同期しない音楽というのをつくってみようと思った。同期していない音楽、いわば誰もしゃべっていない言葉をしゃべること。人工的な音に枯れ葉を踏みしめる音や、動物の鳴き声などを重ね合わせた曲。一つ一つの同期しない音を共存させるのである。合わせない音楽、同期しない一つ一つの音から、楽器の音と自然の音が一体となった新しい音楽を生み出す。

一つのテンポに皆が合わせるのではなくて、それぞれの音やパートが固有のテンポをもつ音楽をつくる。バラバラにテンポを刻む多様な音を使って、あるいは人工的調律から解放されたピアノを使って、楽曲という一定のまとまりのあるものをつくること。②これは、僕たち人間社会でも同じではないだろうか。不寛容（かんよう）な時代には、非同期、つまり同期しない音を聴くことが大切なのではないか。

坂本 龍一「async――同期しないこと」より

2 ――線のカタカナを漢字で書きなさい。

① シンサイを乗り越える。
② 気持ちがシズむ。
③ 大地がシンドウする。
④ 空気がウスい。

各5点

1					2			
(1)			(2)					
①	②	③	①	②	①	②	③	④

ぴたトレ 1 要点チェック

問いかける言葉

国谷（くにや）裕子（ひろこ）

解答 p.8

1 新しく習った漢字 読み仮名を書きなさい。

①（　）視聴者 ②（　）媒介者 ③（　）次第 ④（　）吟味 ⑤（　）傾向 ⑥（　）不寛容 ⑦（　）悩み

2 重要語句 正しい意味を下から選び、記号で答えなさい。

①（　）事象 ア 物事がはっきりしないこと。
②（　）媒介 イ 程度や量が非常に大きいこと。
③（　）曖昧 ウ 両方の間に立ってとりもつこと。
④（　）基盤 エ 前置きなしに要点をつくこと。
⑤（　）俯瞰（ふかん） オ 現実の出来事。
⑥（　）膨大 カ 高いところから見下ろすこと。
⑦（　）単刀直入 キ 物事の基礎となるもの。

3 キャスター観 筆者のキャスター観についてまとめなさい。

（　）を出し続けることが重要だ。

4 経験談 筆者の経験談についてまとめなさい。

①（　）での経験
…問うということを通じて、（　）を意識するようになった。

②「（　）」
…井上（いのうえ）ひさしが使っていた言葉。（　）する声が多くなることで、ある考え方だけが広まる現象。問いかける言葉が、（　）で考えることをもたらす。

5 社会観 筆者の社会観についてまとめなさい。

（　）を押しつけず、問いかけを投げかけるべきだ。

ぴたトレ **2**

練習

問いかける言葉

解答 p.9

タイムトライアル 8分

1 読解問題 文章を読んで、問いに答えなさい。

教科書97ページ11行〜18行

キャスターの仕事をするようになり、多くのゲストのかたにインタビューをする中で、①問いかける言葉の大切さを改めて実感できるようになりました。その中で学んだことは、問いかける言葉は、曖昧なものではなく、具体的なものではなくてはならない、ということでした。具体的な質問は、質問された相手の思考を曖昧なものからより明確な思考へと導き、そのことでコミュニケーションの基盤となるお互いの共通認識の場が形成され、対話が生き生きとしたものになるのです。具体的に問われることで、曖昧だった考えがくっきりとしてくる、②思いこみも含めた自分の考えが俯瞰(ふかん)できるようになる、聞き方次第で答えも変わってしまうと語ったゲストのかたもいました。こうした力が問いかける言葉にはあるのです。

国谷 裕子「問いかける言葉」より

(1) ――線①「問いかける言葉」について、次の問いに答えなさい。

① 「問いかける言葉」は、どんなものがふさわしいのですか。文章中から六字で抜き出しなさい。

ヒント 直後の部分から読み取ろう。

② 「問いかける言葉」は、なぜ①のようなものがよいのですか。次の文中の□にあてはまる言葉を、それぞれ文章中から二字と四字で抜き出しなさい。

・質問された相手の思考を[a]にすることで、[b]の場が形成され、対話が生き生きとしたものになるから。

a

b

ヒント 「質問された相手」について書かれた部分を探そう。

(2) ――線②「思いこみも含めた自分の考えが俯瞰できるようになる」とありますが、どういうことですか。次から一つ選び、記号で答えなさい。

ア 自分の考えが正しいことに自信がもてるということ。

イ 自分の考えを客観的に見ることができるということ。

ウ 自分の考えがどんどん変わっていくということ。

エ 自分の考えの誤りが見えてくるということ。

（　　）

ヒント 「俯瞰」の意味から考えよう。

ぴたトレ 3 確認テスト

問いかける言葉

時間20分 ／100点 合格75点 解答 p.9

1 思考・判断・表現 文章を読んで、問いに答えなさい。

教科書99ページ1行〜100ページ12行

もう一つ、問いかける言葉の大事な役割は、異質な世界との出会いをもたらすことです。心理学の用語に①「確証バイアス」というものがあります。自分が共感したり、正しいと思えたりする情報だけを重視して選択し、それに反する、否定する情報を避けようとする傾向(けいこう)のことです。インターネットなどによって一人一人が膨大な情報に直(じか)に接するようになって以降、こうしたバイアスが、人々の間に広がっているように思えます。

②こうした中では、多様な人々の存在、自分とは異なる多様な考え方が存在していることを知る機会、異質なものとの出会いが次第(しだい)になくなっていきます。それぞれが閉鎖的な情報空間を作り、同じような考え方をもった人々の間だけで対話を行うようになっていきます。そうなれば、異なる情報空間にいる人々との間に分断が起こり、相手に対して不寛容(かんよう)になり、お互いを排除しようとさえするようになります。そこには、異質なものに出会って戸惑い、悩(なや)み、考える機会はありません。

しかし、現実の世界が抱える課題は、さまざまに入り組み利害対立も複雑になっています。異なる考え方やさまざまな利害を抱えた人々が、社会的合意を求めて対話を積極的に行うことができなければ、課題の解決は不可能です。そのためには、お互いの情報空間を外に開き、自分たちとは異なる世界と出会うことが必要です。その

(1) ――線①「『確証バイアス』」とは何ですか。その説明を文章中から探し、初めと終わりの五字を抜き出しなさい。 5点

(2) ――線②「こうした中では、……なくなっていきます」について、次の問いに答えなさい。

① 「こうした中」とは、どんな状況をさしていますか。文章中の言葉を用いて答えなさい。 20点

② ――線②からどんな事態が生み出されると、筆者は考えていますか。 20点

よく出る

(3) ――線③「けげんな顔をされることがたびたび起きたのです」とありますが、クラスメイトがそんな顔をしたのはなぜですか。次から一つ選び、記号で答えなさい。 15点

ア 日本の社会では、控(ひか)えめな態度が重んじられているから。
イ 日本の社会では、周囲への同化が求められているから。
ウ 日本人は、感情を表現することが不得意なものだから。
エ 外国帰りの筆者に対して、苦手意識をもっていたから。

考える

(4) ――線④「わからないものはわからないとして、もやもやが残ったほうがいいのではないでしょうか」と筆者が考える理由を、文章中の言葉を用いて答えなさい。 20点

きっかけを作るのは、問いかける言葉です。

海外の学校で、質問すること、問いを出すことで新しい世界が現れることを経験した私は、日本に帰国して、同じようにクラスメイトに単刀直入に疑問を投げかけました。すると、③けげんな顔をされることがたびたび起きたのです。皆が同じであることが尊重され、異なる意見をもつこと、異なる意見を出すことはあまり歓迎されない。そういう空気が流れていると思った記憶があります。

日本の社会では、周囲の空気を読み取り、それに素早く溶けこむことが、人と人とのコミュニケーションにとって重要な要件であるとされているように思います。そして周囲に素早く溶けこむためには、何でもすぐにわかった気になることが求められているようにも思えます。

しかし、④わからないものはわからないとして、もやもやが残ったほうがいいのではないでしょうか。何かがおかしい、何か腑(ふ)に落ちないという思い、そこから疑問が生まれ、問いを発していくことで対話は生まれます。決して結論を押しつけるのではなく、「あなたはどう思いますか?」と投げかける。言葉による問いかけには、閉じた世界に異質なものを投げこみ、新しい風を吹きこむことで、その閉じている世界を開いていく力があるのです。問いを出したり、出されたりすることは、自分の世界とは異なる世界との出会いを生み出すのです。

国谷 裕子「問いかける言葉」より

2 ――線のカタカナを漢字で書きなさい。　各5点

① テレビ番組をシチョウする。
② 病気をバイカイする虫。
③ シダイに暗くなる。
④ 表現をギンミする。

1 (1)	1 (2) ①	1 (2) ②	1 (3)	1 (4)	2 ①	2 ③
〜					②	④

ぴたトレ 1

要点チェック

文法の小窓2　助動詞のはたらき

解答 p.9

1 これまでに習った漢字　読み仮名を書きなさい。

①僕（　　）　②頃（　　）　③壁（　　）　④暇（　　）

⑤一緒（　　）　⑥丁寧（　　）　⑦勧(かん)誘（　　）

2 重要語句　正しい意味を下から選び、記号で答えなさい。

①（　）意図　　**ア** 人に何かをさせること。

②（　）推し測る　　**イ** よく調べ考えること。

③（　）検討　　**ウ** 物事のありさま。

④（　）自発　　**エ** 何かをしようと考えること。

⑤（　）使役　　**オ** あることから見当をつける。

⑥（　）様態　　**カ** 自然に起こること。

スタートアップ

付属語（単独で意味をもたず、常に自立語に付属している）で、活用があり、用言や体言・他の助動詞などについていろいろな意味を添える語。

助動詞の種類

- れる・られる…受け身・可能・自発・尊敬　例 先生に注意される。（受け身）／この実は食べられる。（可能）／昔が思い出される。（自発）／先生が来られる。（尊敬）
- せる・させる…使役　例 妹を寝かせる。／弟に食べさせる。
- そうだ・そうです…様態・伝聞　例 明日は晴れそうだ。（様態）／明日は晴れるそうだ。（伝聞）
- ます…丁寧　例 少し休みます。
- だ・です…断定　例 これは私の本です。
- らしい…推定　例 あそこにいるのは彼らしい。
- ない・ぬ（ん）…打ち消し　例 私は知らない。
- た…過去・完了・存続など　例 机に置いた鉛筆。
- たい・たがる…希望　例 みかんが食べたい。
- ようだ・ようです…推定・たとえなど　例 彼女はいないようだ。／まるで花のようだ。
- まい…打ち消しの意志・推量　例 二度と言うまい。
- う・よう…意志・推量など　例 もっと勉強しよう。

ぴたトレ **2** 練習

文法の小窓2　助動詞のはたらき

解答 p.10

1 次の――線の助動詞の意味をあとから選び、記号で答えなさい。

① お客様が帰ら**れる**。
② ゆっくり寝**られる**。
③ 妹に日記を見**られる**。
④ 亡(な)き祖父がしのば**れる**。

ア 受け身　**イ** 可能　**ウ** 自発　**エ** 尊敬

2 次の――線の助動詞の意味をあとから選び、記号で答えなさい。

① 海に行き**たい**。
② 海に行こ**う**と思う。
③ 海に行か**ない**。
④ 海に行く**ようだ**。
⑤ 海には行く**まい**。
⑥ 海に行く**そうだ**。
⑦ 海に行きたかっ**た**。
⑧ 海に行か**せ**ます。

ア 丁寧　**イ** 意志　**ウ** 推定　**エ** 伝聞　**オ** 希望 **カ** 打ち消し　**キ** 打ち消しの意志　**ク** 使役　**ケ** 過去

3 助動詞「ない」を、次の（　）にあてはまるように活用させて書きなさい。

① 誰もここには来（　　　）た。
② 明日は病院に行か（　　　）ばならない。
③ もう、列車は見え（　　　）なった。
④ わから（　　　）ことは、聞いてください。

4 次の――線の助動詞のうち、意味が他と違っているものを選び、記号で答えなさい。

① **ア** もう雨は降る**まい**。　**イ** もう二度と行く**まい**。　**ウ** まさかそんなことはある**まい**。
② **ア** 明日は休みだ**そうだ**。　**イ** 彼女の家は近い**そうだ**。　**ウ** このぶんだと嵐になり**そうだ**。
③ **ア** 友達に笑わ**れる**。　**イ** 昔が思い出さ**れる**。　**ウ** 病気の母のことが案じ**られる**。
④ **ア** 雲はまるで綿の**ようだ**。　**イ** 誰も追いつけない**ようだ**。　**ウ** 留守中に誰か来た**ようだ**。
⑤ **ア** 黒く塗られ**た**壁。　**イ** ポケットのつい**た**服。　**ウ** 去年会っ**た**のが最後だ。

1	2	2	3	3	4
①	①	⑥	①	③	①
②	②	⑦	②	④	②
③	③	⑧			③
④	④				④
	⑤				⑤

ぴたトレ 1 要点チェック

言葉の小窓2 相手に対する配慮と表現
（漢字の練習3）

解答 p.10

1 新しく習った漢字　読み仮名を書きなさい。

①賭け（　）　②貢献（　）　③賜る（　）　④賠償（　）
⑤国賓（　）　⑥月賦（　）　⑦賄賂（　）　⑧誘拐（　）
⑨挟む（　）　⑩拙速（　）　⑪抹消（　）　⑫洪水（　）
⑬私淑（　）　⑭漸減（　）　⑮洗濯（　）　⑯汎用（　）
⑰梗概（　）　⑱桟橋（　）　⑲詔書（　）　⑳詮索（　）
㉑委託（　）　㉒許諾（　）　㉓訃報（　）　㉔諭旨（　）

2 重要語句　正しい意味を下から選び、記号で答えなさい。

①（　）拙速　　ア　次第（しだい）に減ること。
②（　）漸減　　イ　できは悪いが仕事が早いこと。

スタートアップ

助動詞の種類

尊敬語	相手やその動作を高める表現。
謙譲語（けんじょう）	自分や動作に対してへりくだった表現。
丁寧語	相手に対して丁寧にいう表現。

社会の中で敬語を活用するときには、自分が相手に敬意をもっていることをわかってもらうことが重要である。

●身内のことを話すときは、謙譲語を用いる。
例 明日、母がうかがいます。
　父がそう申しました。

●客の動作には尊敬語を用いる。
例 どうぞ召し上がりください。
　おっしゃるとおりです。

●尊敬語と謙譲語を取り違えない。
例 行く・来る…（尊敬語）いらっしゃる
　（謙譲語）うかがう・参る

●「お（ご）～になる」は尊敬語、「お（ご）～する」は謙譲語。
例 ご試着になりますか。
　私がご案内します。

ぴたトレ 2

練習

言葉の小窓2 相手に対する配慮と表現

タイムトライアル 8分

解答 p.10

1 次の語を、特別な動詞を使って（　）内の敬語に直しなさい。

① 行く（尊敬語）
② 知る（尊敬語）
③ 来る（謙譲語）
④ 読む（謙譲語）
⑤ 聞く（謙譲語）
⑥ 会う（謙譲語）
⑦ 見る（尊敬語・謙譲語）
⑧ する（尊敬語・謙譲語）
⑨ 言う（尊敬語・謙譲語）
⑩ 食べる（尊敬語・謙譲語）

2 次の文を、尊敬語と丁寧語を使って書き直しなさい。

① 先生が板書をし、それを生徒に読ませた。
② 先生が来て、「いつも早いね。」と言った。

3 次の文の――線の敬語の使い方が正しければ○、誤っていれば正しく書き直しなさい。

① （父を訪ねてきた客に）[a]お父さまは、もうすぐ[b]お戻りになります。
② （校長を訪ねてきた客に）[a]校長先生は、あいにく外出してい[b]らっしゃいます。まもなく[c]戻って参りますので、こちらでしばらく[d]お待ちしてください。

1							2		3		
①	③	⑤	⑦	⑧	⑨	⑩	①	②	①	②	
			尊敬語	尊敬語	尊敬語	尊敬語			a	a	c
②	④	⑥	謙譲語	謙譲語	謙譲語	謙譲語			b	b	d

ぴたトレ 1

要点チェック

旅への思い――芭蕉（ばしょう）と『おくのほそ道』――

解答 p.10

1 新しく習った漢字　読み仮名を書きなさい。

①娯楽（　　）　②漂泊（　　）　③近畿（　　）　④冒頭（　　）
⑤感慨（　　）　⑥過客（　　）　⑦払う（　　）　⑧譲る（　　）
⑨隔てる（　　）　⑩勧める（　　）　⑪佳景（　　）　⑫滞在（　　）

2 重要語句　正しい意味を下から選び、記号で答えなさい。

①（　）百代（はくたい）　②（　）過客　③（　）古人　④（　）すぐる　⑤（　）おぼゆ

ア 旅人。
イ 長い年月。永遠。
ウ 思われる。感じられる。
エ 選び出す。
オ 昔の人。

スタートアップ

歴史的仮名遣（づか）いの読み方

①語中・語尾の「は」「ひ」「ふ」「へ」「ほ」
→「ワ」「イ」「ウ」「エ」「オ」
例 行きかふ→行きかう

②「む」「なむ」→「ン」「ナン」
例 越えむ→越えん

③「ア段＋う・ふ」「イ段＋う・ふ」「エ段＋う・ふ」
→「オ段の長音」「ユウ・○ュウ」「○ョウ」
例 あふさかやま→おうさかやま（逢坂山）
美しう→美しゅう／けふ→きょう（今日）

④「ゐ」「ゑ」「を」→「イ」「エ」「オ」
例 をかし→おかし

⑤「ぢ」「づ」→「じ」「ず」
例 いづれ→いずれ

⑥「くわ」「ぐわ」→「か」「が」
例 ぐわんじつ→がんじつ（元日）

『おくのほそ道』について

- 作者…芭蕉。一六四四～一六九四。江戸時代前期の俳人。
- 内容…日本の代表的な紀行文。五か月近く、約二千四百キロメートルの旅を描く。

ぴたトレ 2 練習

旅への思い――芭蕉と『おくのほそ道』――

1 読解問題 古文を読んで、問いに答えなさい。

教科書120ページ1行〜121ページ2行

月日は百代の過客にして、行きかふ年もまた旅人なり。舟の上に生涯を浮かべ、馬の口とらへて老いを迎ふる者は、日々旅にして旅を栖とす。古人も多く旅に死せるあり。

予もいづれの年よりか、片雲の風に誘はれて、漂泊の思ひやまず、海浜にさすらへて、去年の秋、江上の破屋にくもの古巣を払ひて、やや年も暮れ、春立てる霞の空に、白河の関越えむと、そぞろ神の物につきて心をくるはせ、道祖神の招きにあひて、取るもの手につかず。

ももひきの破れをつづり、笠の緒付けかへて、三里に灸すゆるより、松島の月まづ心にかかりて、住める方は人に譲りて、杉風が別墅に移るに、

草の戸も住み替はる代ぞ雛の家

表八句を庵の柱にかけおく。

「旅への思い――芭蕉と『おくのほそ道』――」より

(1) 『おくのほそ道』の成立した時代を次の中から一つ選び、記号で答えなさい。

ア 奈良時代　イ 平安時代
ウ 鎌倉時代　エ 江戸時代

（　　）

ヒント 芭蕉は十七世紀の人だよ。

(2) ――線①「過客」と同じ意味の言葉を古文の中から二字で抜き出しなさい。

□□

ヒント 「月日」と「行きかふ年」は同じものだよ。

(3) ――線②「舟の上に生涯を……老いを迎ふる者」とありますが、「舟の上に生涯を浮かべ」と対になる表現を、古文の中から抜き出しなさい。

（　　）

ヒント 「舟の上に生涯を浮かべ」は「船頭」のことだよ。

(4) ――線③「さすらへて」を現代仮名遣いに直しなさい。

（　　）

ヒント 語頭以外のハ行はワ行に直すよ。

タイムトライアル 8分

解答 p.11

ぴたトレ 3 確認テスト

旅への思い――芭蕉と『おくのほそ道』――

時間20分
／100点
合格75点
解答 p.11

1 思考・判断・表現　古文を読んで、問いに答えなさい。

教科書122ページ1行〜124ページ12行

平泉

①三代の栄耀一睡のうちにして、大門の跡は一里こなたにあり。秀衡が跡は田野になりて、金鶏山のみ形を残す。まづ高館に登れば、北上川南部より流るる大河なり。衣川は和泉が城を巡りて、高館の下にて大河に落ち入る。泰衡らが旧跡は、衣が関を隔てて南部口をさし固め、夷を防ぐとみえたり。さても義臣すぐつて②この城に籠もり、功名一時のくさむらとなる。③「国破れて山河あり、城春にして草青みたり。」と、笠打ち敷きて、時の移るまで涙を落としはべりぬ。

④夏草や兵どもが夢の跡

その後二人は、暑さに苦しめられながら険しい山道の旅を続け、尾花沢でしばらく休息します。そこから寄り道をするように立石寺を訪ねたのは、五月二十七日のことでした。

立石寺

山形領に立石寺といふ山寺あり。慈覚大師の開基にして、ことに清閑の地なり。一見すべきよし、人々の勧むるによつて、尾花沢よりとつて返し、その間七里ばかりなり。

(1) ――線①「三代の栄耀……形を残す」とは、どんなことを述べていますか。次から一つ選び、記号で答えなさい。 10点

ア 人間の世のはかなさ。　イ 古人へのあこがれ。
ウ 歌枕の地の様変わりの激しさ。　エ 自然の力強さ。

(2) ――線②「この城」がさすものを、古文の中から漢字二字で抜き出しなさい。 5点

(3) ――線③「国破れて……草青みたり」とは、誰の、なんという詩からの引用ですか。次から一つずつ選び、記号で答えなさい。 各5点

A 誰…ア 李白　イ 杜甫　ウ 王維　エ 孟浩然
B 詩…ア 春暁　イ 春望　ウ 鹿柴　エ 静夜思

よく出る
(4) ――線④の俳句に直接結びつく一文を古文中から探し、初めと終わりの三字を抜き出しなさい。(句読点を含む。) 5点

(5) ――線⑤「岩に巌を重ねて……物の音聞こえず」の要点を捉えて表現した四字の言葉を、古文中から抜き出しなさい。 5点

(6) ――線⑥「閑かさや…」の俳句について、次の問いに答えなさい。 各完答10点

① 季語と季節を、それぞれ書きなさい。
② 切れ字と句切れを、それぞれ答えなさい。

(7) 「立石寺」の古文中から、対句になっている箇所を抜き出しなさい。 5点

考える
(8) ①「平泉」、②「立石寺」の主題を、それぞれ簡潔にまとめなさい。 各10点

日いまだ暮れず。ふもとの坊に宿借り置きて、山上の堂に登る。⑤岩に巌を重ねて山とし、松柏年旧り、土石老いて苔滑らかに、岩上の院々扉を閉ぢて物の音聞こえず。岸を巡り岩を這ひて仏閣を拝し、佳景寂寞として心澄みゆくのみおぼゆ。

⑥閑かさや岩にしみ入る蟬の声

この後芭蕉は、酒田、市振、金沢、敦賀などを経て、八月下旬に大垣へとたどり着き、二週間ほど滞在して次の旅を始めました。芭蕉は、次の句でこの紀行文を締めくくっています。

蛤のふたみに別れ行く秋ぞ

「旅への思い――芭蕉と『おくのほそ道』――」より

2 ――線のカタカナを漢字で書きなさい。 各5点

① キンキ地方に住む。
② カンガイ深い体験。
③ ゴラクとしての読書。
④ 映画のボウトウ。

1											2			
(1) ①	(1) (2)	(3) A	(3) B	(4)	(5)	(6) ①（季語）	(6) ①（季節）	(6) ②（切れ字）	(6) ② 句切れ	(7)	(8) ①	(8) ②	①	②
				～										

2	
③	④

ぴたトレ 1 要点チェック

和歌の調べ――万葉集・古今和歌集・新古今和歌集――

解答 p.12

1 新しく習った漢字 読み仮名を書きなさい。

①古今（　　）②祈り（　　）③巧み（　　）④沢（　　）

2 重要語句 正しい意味を下から選び、記号で答えなさい。

①（　）吾
②（　）かなし
③（　）しぬはゆ
④（　）しかめやも
⑤（　）ひちて
⑥（　）あはれ
⑦（　）玉の緒

ア しみじみとした趣。
イ 命。
ウ 水にぬれて。
エ 私。
オ 自然に思い出される。
カ 及ぶだろうか、いや及びはしない。
キ しみじみかわいい。いとしい。

スタートアップ

和歌の修辞

●枕詞…特定の言葉を導く。五音が多く、現代語には訳さない。

例 ぬばたまの→髪・夜／ちはやぶる→神

●序詞…特定の言葉を導くが、あとに来る言葉は決まっておらず、枕詞よりも音数が多い。

例 多摩川にさらす手作り（序詞）さらさらになにそこの児のここだかなしき

●掛詞…同音異義語を利用して、一つの言葉に複数の意味をもたせる技法。

例 かれる→「（人目が）離れる」と「（草が）枯れる」

和歌の句切れとリズム

一首の中の意味上の切れ目を「句切れ」という。初句切れ・二句切れ・三句切れ・四句切れがある。

初句切れと三句切れは七五調、二句切れと四句切れは五七調のリズムになる。

ぴたトレ 2 練習

和歌の調べ――万葉集・古今和歌集・新古今和歌集――

タイムトライアル 6分

解答 p.12

1 読解問題 文章を読んで、問いに答えなさい。

教科書126ページ5行〜127ページ9行

『万葉集』には、自然の風景にふれた際の感動を率直に表す歌が数多くあります。次の歌では、純白の衣に夏の到来を見いだした作者の驚きが、鮮やかに歌われています。

持統天皇

春過ぎて　夏来たるらし　白たへの　衣干したり　天の香具山

山部赤人

田子の浦ゆ　うち出でて見れば　真白にそ　富士の高嶺に　雪は降りける

右の歌は、旅の途中で富士山を見た時によまれたものです。見晴らしのきく所に出てみると、神々しいまでの山の全貌が姿を現します。真っ白な雪を冠してそびえ立つ姿を仰ぎ見た感動が表現されています。

「和歌の調べ――万葉集・古今和歌集・新古今和歌集――」より

(1) 「春過ぎて…」の和歌について、次の問いに答えなさい。

① この和歌の句切れを次から一つ選び、記号で答えなさい。

ア 初句切れ　イ 二句四句切れ
ウ 中間切れ　エ 三句切れ

（　）

② この和歌に用いられている技法を次から二つ選び、記号で答えなさい。

ア 枕詞　イ 序詞　ウ 掛詞
エ 体言止め　オ 本歌取り

（　）（　）

ヒント 「体言止め」は体言（名詞）が句末にあるもの。

(2) 「田子の浦ゆ…」の和歌について、次の問いに答えなさい。

① 「うち出でて見れば」の現代語訳を答えなさい。

（　）

② 作者が通過した場所を、文章から四字で抜き出しなさい。

□□□□

③ この和歌の感動の中心は、どの句にありますか。一句を抜き出しなさい。

（　）

ヒント 解説文には何に感動したと書かれているかな。

ぴたトレ 1

要点チェック

風景と心情──漢詩を味わう──

解答 p.12

1 新しく習った漢字 読み仮名を書きなさい。

①黄鶴楼（かくろう）（　　）
②放浪（　　）
③奔放（　　）
④称す（　　）
⑤万金（　　）
⑥秩序（　　）
⑦生う（　　）
⑧白髪（　　）
⑨冠（　　）
⑩叙事（　　）

2 重要語句 正しい意味を下から選び、記号で答えなさい。

①（　）故人　　**ア** 戦火。
②（　）煙花（えんくわ）　　**イ** 春の霞（かすみ）。
③（　）天際　　**ウ** 白髪頭。
④（　）烽火（ほうくわ）　　**エ** 旧友。
⑤（　）家書　　**オ** 天の果て。
⑥（　）白頭　　**カ** 家からの手紙。

スタートアップ

漢詩の種類

● 絶句…四句でできている詩。一句が五字のものを五言（ごん）絶句、一句が七字のものを七言絶句という。

● 律詩…八句でできている詩。一句が五字のものを五言律詩、一句が七字のものを七言律詩という。

漢詩の構成

○○○○○（起句）…うたうきっかけを述べる。
○○○○○（承句）…起句を受けて詳しく述べる。
○○○○○（転句）…別の角度から述べる。
○○○○○（結句）…全体をまとめる。

「起・承・転・結」という言葉はここから生まれた。

漢詩の表現の特徴

● 押韻（おういん）…同じ響き音（韻）をもつ字を用いること。五言詩は偶数句末、七言詩は第一句末と偶数句末を押韻する。

● 対句（ついく）…言葉づかいが深く関係している二つの句。律詩は基本的に、三・四句目、五・六句目を対句にする。

風景と心情——漢詩を味わう——

解答 p.12

1 読解問題　漢詩を読んで、問いに答えなさい。

教科書134ページ

黄鶴楼にて孟浩然の広陵に之くを送る　　李白

故人　西のかた黄鶴楼を辞し
煙花三月　揚州に下る
孤帆の遠影　碧空に尽き
惟だ見る　長江の天際に流るるを

故人西ノカタ辞シ二黄鶴楼一ヲ
煙花三月下ル二揚州一ニ
孤帆ノ遠影碧空ニ尽キ
惟ダ見ル長江ノ天際ニ流ルルヲ

「風景と心情——漢詩を味わう——」より

(1) この漢詩の種類を、漢字四字で書きなさい。

ヒント　文字数と句数を確かめよう。

(2) この漢詩の「転句」を抜き出しなさい。（書き下し文でよい。）

（　　　　）

ヒント　漢詩は「起・承・転・結」という構成になっているよ。

(3) ——線「故人」とは、誰のことですか。漢字で答えなさい。

（　　　　）

ヒント　「故人」は「旧友」という意味だよ。

(4) 押韻している漢字を、全て抜き出しなさい。

（　　　　）

ヒント　七言詩は第一句末と偶数句末を押韻するよ。

ぴたトレ1 要点チェック

最後の一句

森鷗外

解答 p.12

1 新しく習った漢字 読み仮名を書きなさい。

①斬罪（　）②慕う（　）③裕福（　）④乏しい（　）
⑤争闘（　）⑥和睦（　）⑦探る（　）⑧訴える（　）
⑨奉行（　）⑩暁（　）⑪詰める（　）⑫懐中（　）
⑬顧みる（　）⑭伺う（　）⑮趣意（　）⑯偽る（　）
⑰執行（　）⑱控える（　）⑲遣わす（　）⑳臆す（　）
㉑陳述（　）㉒憎悪（　）㉓貫徹（　）㉔赦免（　）

2 重要語句 正しい意味を下から選び、記号で答えなさい。

①（　）悔恨　**ア** 過去の言動をくやむこと。
②（　）顧みる　**イ** 過去を思い起こす。

3 登場人物 物語に出てくる人物名を書きなさい。

①（　）…斬罪に処されることになる。
②（　）…①の長女。
③（　）…西町奉行。

4 場面設定 それぞれの場面の場所を書きなさい。

①（　）…平野町に住む祖母が訪ねて来た場所。
②（　）…いちたちが願い書を持っていく場所。
③（　）…佐佐がいちたちを取り調べた場所。

5 事件の発端 事件の発端をまとめなさい。

（　）での業を営む桂屋の主人太郎兵衛が、使っていた（　）という男から、積み荷を売った金を不当に受け取ったこと。

最後の一句

タイムトライアル 8分

解答 p.12

1 読解問題 文章を読んで、問いに答えなさい。

教科書143ページ下5行～144ページ下1行

しばらくたって、いちが何やら布団(ふとん)の中で独り言を言った。「ああ、そうしよう。きっとできるわ。」と、言ったようである。

まつがそれを聞きつけた。そして「姉さん、まだ寝ないの。」と言った。

「大きい声をおしでない。私いいことを考えたから。」いちはまずこう言って妹を制しておいて、それから小声でこういうことをささやいた。お父(とっ)さんはあさって殺されるのである。自分は、それを殺させぬようにすることができると思う。どうするかというと、願い書というものを書いてお奉行(ぶぎょう)様に出すのである。しかしただ殺さないでおいてくださいと言ったって、それでは聴かれない。お父っさんを助けて、その代わりに私ども子どもを殺してくださいと言って頼むのである。それをお奉行様が聴いてくだすって、お父っさんが助かれば、それでいい。子どもは本当に皆殺されるやら、私が殺されて、小さい者は助かるやら、それはわからない。ただお願いをする時、長太郎(ちょうたろう)だけは一緒に殺してくださらないように書いておく。あれはお父っさんの本当の子でないから、死ななくてもいい。それにお父っさんがこの家の跡を取らせようと言っていらっしゃったのだから、殺されないほうがいいのである。いちは妹にそれだけのことを話した。

森鷗外「最後の一句」〈鷗外歴史文学集 第3巻〉より

(1) ――線「こういうこと」がさしているのは、本文中のどこからどこまでですか。初めと終わりの七字を抜き出しなさい。(句読点を含む。)

□□□□□□□ ～ □□□□□□□

ヒント いちが「ささやいた」内容が書かれているのはどこかな。

(2) いちが命がけであることがわかる部分を文章中から三十字で探し、初めと終わりの五字を抜き出しなさい。

□□□□□ ～ □□□□□

ヒント 字数をヒントにして探そう。

(3) いちの思慮深さがわかるのは、どんなところからですか。次から一つ選び、記号で答えなさい。

ア 実際には子どもが殺されないだろうと考えているところ。

イ 実子ではない長太郎は許してもらおうと考えているところ。

ウ 妹や弟まで自分と一緒に殺してほしいと言っているところ。

エ お奉行様が願いを聞いてくれるかどうかわからないと考えているところ。

（　　）

ヒント 特につけ足しているところに着目しよう。

ぴたトレ 3 確認テスト

最後の一句

時間20分

／100点

合格75点

解答 p.12

1 思考・判断・表現

文章を読んで、問いに答えなさい。

教科書146ページ下11行〜148ページ上10行

まつが姉に言った。「姉さん、あんなに叱るから帰りましょう。」

いちは言った。「黙っておいで。」①叱られたって帰るのじゃありません。姉さんのするとおりにしておいで。」こう言って、②いちは門の前にしゃがんだ。まつと長太郎とはついてしゃがんだ。

三人の子どもは門の開くのをだいぶ久しく待った。ようよう貫の木を外す音がして、門が開いた。開けたのは、先に窓から顔を出した男である。

いちが先に立って門内に進み入ると、まつと長太郎とが後ろに続いた。

いちの態度があまり平気なので、門番の男は急に支えとどめようともせずにいた。そしてしばらく三人の子どもの玄関の方へ進むのを、目をみはって見送っていたが、③ようよう我に返って、「これこれ。」と声をかけた。

「はい。」と言って、いちはおとなしく立ち止まって振り返った。

「どこへ行くのだ。さっき帰れと言ったじゃないか。」

「そうおっしゃいましたが、私どもはお願いを聞いていただくまでは、どうしても帰らないつもりでございます。」

「ふん。しぶといやつだな。とにかくそんな所へ行ってはいかん。こっちへ来い。」

子どもたちは引き返して、門番の詰め所へ来た。それと同時に玄

(1) ――線①「叱られたって帰るのじゃありません」とありますが、これと同じ気持ちが表れている言葉を、文章中から十二字で抜き出しなさい。 10点

よく出る (2) ――線②「いちは門の前にしゃがんだ」とありますが、このようにした目的を、文章中の言葉を用いて説明しなさい。 15点

(3) ――線③「ようよう我に返って」とありますが、門番がそれまでぼんやりしていたのはなぜですか。その理由がわかる部分を、文章中から十五字以内で抜き出しなさい。 10点

(4) ――線④「ほとんどこうなるのを待ちかまえていたように」について、次の問いに答えなさい。

① どうなることを待ちかまえていたのですか。簡潔に答えなさい。 15点

② なぜ待ちかまえていたのですか。簡潔に答えなさい。 15点

考える (5) ――線⑤「書き付けを……迷うらしく」とありますが、与力はなぜ迷ったのですか。簡潔に答えなさい。 15点

関脇から、「なんだ、なんだ。」と言って、二、三人の詰め衆が出てきて、子どもたちを取り巻いた。いちは④ほとんどこうなるのを待ちかまえていたように、そこにうずくまって、懐中から書き付けを出して、真っ先にいる与力の前に差しつけた。まつと長太郎とも一緒にうずくまって礼をした。

⑤書き付けを前へ出された与力は、それを受け取ったものか、どうしたものかと迷うらしく、黙っていちの顔を見下ろしていた。

「お願いでございます。」と、いちが言った。

「こいつらは木津川口でさらし物になっている桂屋太郎兵衛の子どもでございます。親の命乞いをするのだと言っています。」と、門番が傍らから説明した。

与力は同役の人たちを顧みて、「ではとにかく書き付けを預かっておいて、伺ってみることにしましょうかな。」と言った。それには誰も異議がなかった。

与力は願い書をいちの手から受け取って、玄関に入った。

森鷗外「最後の一句」〈鷗外歴史文学集 第3巻〉より

2 ――線のカタカナを漢字で書きなさい。

各5点

① 親をシタう。
② 気持ちをウッタえる。
③ チンジュツ書を読む。
④ 意志をカンテツする。

1						2			
(1)	(2)	(3)	(4) ①	(4) ②	(5)	①	②	③	④

ぴたトレ1 要点チェック

漢字の広場3 異字同訓

1 新しく習った漢字　読み仮名を書きなさい。

①診る（　）　②省みる（　）　③諮る（　）　④著す（　）
⑤薦める（　）　⑥侵す（　）　⑦搾る（　）　⑧絞る（　）
⑨薫る（　）　⑩休憩所（　）　⑪謀略（　）　⑫翻弄（　）
⑬迷惑（　）　⑭収穫（　）　⑮真珠（　）　⑯逝去（　）

2 重要語句　正しい意味を下から選び、記号で答えなさい。

①（　）省みる　**ア** 人や物をほめ、採用させる。
②（　）薦める　**イ** 自分の言動を反省する。
③（　）冒す　**ウ** 危険を覚悟であえて行う。

スタートアップ

異字同訓

異なる漢字で、訓が同じであるものを「異字同訓」という。意味や使い方も異なるが、意味には共通点もある場合が多い。一つ一つの漢字の意味をしっかり覚えて適切に使い分けるようにする。その漢字を含む文例を覚えておき、文を思い浮かべるようにするとさらによいだろう。

例 はかる

- 図る…目的を達成するために努力する。取りはからう。
  〈使い方〉他校と交流を図る。事件の解決を図る。
- 計る…時間・数量などを調べる。見定める。
  〈使い方〉所要時間を計る。タイミングを計る。
- 量る…重さ・量などを調べる。
  〈使い方〉猫の体重を量る。気持ちを推し量る。
- 測る…大きさ・長さ・広さ・高さ・深さ・速さなどを調べる。
  〈使い方〉プールの水深を測る。部屋の面積を測る。
- 諮る…他の人の意見を聞く。
  〈使い方〉審議会に諮る。会議に諮って決める。
- 謀る…よくないことをたくらむ。
  〈使い方〉悪事を謀る。まんまと謀られる。

解答 p.13

漢字の広場3　異字同訓

1 次の（　）に合う漢字を、それぞれの□から選んで書きなさい。

① 自分の行いを（　　）みることが大切だ。　［顧・省］
② 用事が（　　）んだので帰ります。　［住・済］
③ バレー部への入部を（　　）める。　［勧・薦］
④ 仏の教えを（　　）く。　［説・解］
⑤ レモンを（　　）ってジュースにする。　［絞・搾］
⑥ 海に（　　）む学校に通う。　［望・臨］
⑦ 駅に近いホテルに（　　）まる。　［泊・止］
⑧ 胃が重いので病院で（　　）てもらう。　［見・診］
⑨ 人の自由を（　　）す権利は誰にもない。　［侵・冒］
⑩ （　　）んだ果物は食べないように。　［痛・傷］

2 a～cの□には、上の訓をもつそれぞれ共通した漢字が入ります。その漢字を書きなさい。

① かたい
　a □い材木。口が□い。
　b □い団結。頭が□い。
　c □い岩石。表情が□い。

② さめる
　a 目が□める。迷いから□める。
　b お茶が□める。心が□める。

③ あやまる
　a 計算を□る。人生を□る。
　b ミスを□る。友人に□る。

3 次の――線の言葉の意味をあとから選び、記号で答えなさい。

① 服装を整える。
② 料理の味を調える。
③ 酒を断つ。
④ 消息を絶つ。

ア つながりをなくす。
イ やめる。
ウ ほどよくする。
エ きちんとしておく。

タイムトライアル 6分

解答 p.13

1		2		3
①	⑥	① a	② a	①
②	⑦	① b	② b	②
③	⑧	① c	③ a	③
④	⑨		③ b	④
⑤	⑩			

ぴたトレ 1

要点チェック

言葉の小窓3　慣用句・ことわざ（漢字の練習4）

解答 p.14

スタートアップ

慣用句は二つ以上の言葉が結びついて特定の意味を表す言葉、ことわざは昔から言いならわされている教訓的な言葉である。

体の一部を使った慣用句

●目と鼻の先…非常に近いこと。
●口が固い…秘密を守ってしゃべらないこと。
●手に余る…自分の力ではどうすることもできない。
●足が出る…出費が予算を超える。
●目がない…非常に好きである。

誤りやすい慣用句

慣用句を誤った意味で覚えないようにする。

例 佳境に入る…「物語が最もおもしろい部分に入ること」で、「物語が終わりに向かうこと」ではない。

「たとえ」を使ったことわざの特徴

●二兎（にと）を追う者は一兎をも得ず…同時に二つのことをすると失敗すること。
●馬の耳に念仏…いくら言っても効きめがないこと。
●えびでたいを釣る…少しのもので多くの利益を得ること。

1 新しく習った漢字　読み仮名を書きなさい。

①勃発（　　）　②覇者（　　）　③嗣子（　　）　④脊髄（　　）
⑤脅威（　　）　⑥飽食（　　）　⑦戴冠（　　）　⑧発酵（　　）
⑨慶弔（　　）　⑩適宜（　　）　⑪増殖（　　）　⑫羞恥心（　　）
⑬批准（　　）　⑭垣根（　　）　⑮外堀（　　）　⑯塑像（　　）
⑰晩酌（　　）　⑱覚醒（　　）　⑲陪審（　　）　⑳逸話（　　）
㉑更迭（　　）　㉒苛烈（　　）　㉓処方箋（　　）　㉔符号（　　）

2 重要語句　正しい意味を下から選び、記号で答えなさい。

①（　　）飽食　　ア　お祝いごとと不幸。
②（　　）慶弔　　イ　食べ物に不自由しないこと。

言葉の小窓3　慣用句・ことわざ

1 次の①～⑥のそれぞれの語句と、ある体の部分を表す言葉を組み合わせると、慣用句ができます。体の部分を表す言葉を下から選び、記号で答えなさい。

① そろえる／疑う／はさむ／痛い
② 切る／つぐむ／濁す／かたい
③ 洗う／引っ張る／出る／早い
④ 涼(すず)しい／広い／貸す／泥を塗る
⑤ 余る／疑う／鼻へ抜ける／光らす
⑥ 焼ける／届く／切る／足も出ない

ア 手　イ 足　ウ 目　エ 耳　オ 顔　カ 口

2 次の慣用句の意味を下から選び、記号で答えなさい。

① 気にくわない
② 気のおけない
③ 目もくれない
④ 取るに足らない
⑤ 隅におけない

ア あなどれない。
イ 気をつかう必要がない。
ウ 見向きもしない。
エ 気に入らない。
オ 取り上げる価値もない。

3 次の①・②のことわざと似た意味のものを下から一つずつ選び、記号で答えなさい。

① せいては事をし損じる
② のれんに腕押し

ア 急がば回れ
イ ぬかに釘(くぎ)
ウ 月とすっぽん
エ 善は急げ

4 次のことわざの意味をあとから選び、記号で答えなさい。

① 虻蜂(あぶはち)取らず
② 医者の不養生
③ 絵に描いた餅
④ 転ばぬ先の杖(つえ)
⑤ けがの功名

ア 他人には立派なことを言うが、自分は実行しないこと。
イ 失敗がかえってよい結果を生むこと。
ウ 失敗しないためには準備が大事だということ。
エ 欲張るとかえって損をすること。
オ 実際には役に立たないもの。

解答
p.14

1		2	3	4
①	⑥	①	①	①
②		②	②	②
③		③		③
④		④		④
⑤		⑤		⑤

ぴたトレ 1

要点チェック

俳句の味わい

堀本(ほりもと) 裕樹(ゆうき)

解答 p.16

1 これまでに習った漢字 読み仮名を書きなさい。

①渡る（　）　②瞬間（　）　③替わる（　）　④絶滅（　）
⑤幻想的（　）　⑥触れる（　）　⑦舞う（　）　⑧濃い（　）
⑨匂い（　）　⑩僧侶（　）　⑪結婚（　）　⑫骨髄（　）
⑬壮絶（　）　⑭孤独（　）　⑮扉（　）　⑯噴く（　）
⑰施す（　）　⑱躍動的（　）　⑲理屈（　）　⑳浮かぶ（　）

2 重要語句 正しい意味を下から選び、記号で答えなさい。

①（　）幻想的　　ア むなしく消える様子。
②（　）儚(はかな)い　　イ じっとその場にいる。
③（　）佇(たたず)む　　ウ 非現実的な世界を思い描くような。

3 俳句 次の俳句についてまとめなさい。

①「渡り鳥みるみるわれの小(ち)さくなり」
…作者は（　）。
「渡り鳥」は（　）の季語。

②「おおかみに螢(ほたる)が一つ付いていた」
…作者は（　）。
「（　）」は夏の季語。

③「ずぶぬれて犬ころ」
…作者は（　）。
九音しかない（　）俳句。

④「火焔(かえん)土器よりつぎつぎと揚羽(あげは)かな」
…作者は（　）。
「揚羽」は（　）の季語。

俳句の味わい

タイムトライアル 8分

解答 p.16

1 読解問題 文章を読んで、問いに答えなさい。

教科書167ページ6行～17行

おおかみに螢が一つ付いていた　金子兜太

　この句は狼を詠んでいますが、明治時代に日本狼は絶滅したといわれています。

　実際に作者は狼を見て句を作ったわけではなく、その姿を思い浮かべたのです。作者の故郷は埼玉県の秩父という山深いところです。そこには狼が生きていた時代がありました。

　作者が山国の故郷に思いを馳せたとき、狼の姿がふっと胸の中に現れたのでしょう。

　一匹の狼に蛍が一つしがみついた場面は、どこかユーモラスでいて幻想的な光景でもあります。狼という大きな強い動物と、蛍という小さな儚い虫とが触れ合っている不思議な出合いの場面ともいえますね。

　「狼」が冬の季語で、「蛍」が夏の季語なので、季語が二つある季重なりの句ですが、この句の季節は蛍の舞う夏でしょう。

　狼と蛍の二つのいのちが静かに息づいている、土の濃い匂いのする一句です。

堀本　裕樹「俳句の味わい」より

(1) ——線「おおかみに螢が一つ付いていた」について、次の問いに答えなさい。
① この句が詠んでいる季節を、漢字一字で書きなさい。 □
② この句に詠まれている「おおかみ」についての説明として正しいものを次から一つ選び、記号で答えなさい。
ア 日本において、狼は今も昔も伝説上の生き物である。
イ 作者の故郷は、日本で狼が生息していた唯一の場所だった。
ウ 作者は、見たことがない狼を題材にこの句を詠んだ。
（　　）

ヒント 直後の二つの段落から読み取ろう。

(2) この句について、筆者はどんな句だと述べていますか。次の文中の□にあてはまる言葉を、それぞれ文章中から七字、六字、六字で抜き出しなさい。
・ a である狼と b である蛍という二つの命が静かに息づいている、 c のする一句である。

a
b
c

ヒント 狼と蛍は対照的なものだと述べているよ。

ぴたトレ 1 要点チェック

初恋（はつこい）

島崎（しまざき）藤村（とうそん）

解答 p.16

1 これまでに習った漢字 読み仮名を書きなさい。

①魅力（　　）②童謡（　　）③漂う（　　）④継ぐ（　　）⑤前髪（　　）⑥踏む（　　）

2 重要語句 正しい意味を下から選び、記号で答えなさい。

①（　　）～初（そ）める
②（　　）盃（さかづき）
③（　　）酌（く）む
④（　　）おのづから
⑤（　　）かたみ

ア 酒を飲むための小さな器。
イ 過ぎ去った思い出の種となるもの。
ウ 自然に。
エ ～し始める。
オ 酒や茶をつぐ。

スタートアップ

文体と詩の種類

〈文体〉
●文語体…昔の書き言葉。
●口語体…現在の話し言葉。

〈種類〉
●定型詩…音数に一定のきまり（五音七音のリズム）があるもの。
●自由詩…音数のきまりがないもの。
文体と種類の組み合わせで、「文語定型詩（文語体を用いた定型詩）」「口語自由詩（口語体を用いた自由詩）」などと分類する。

「初恋」について

文語体と、日本の伝統的な音数の規則が生み出すリズムによって、長く人々に読み継がれている名作。
●作者…島崎藤村（一八七二～一九四三）は、長野県生まれの小説家・詩人。小説に『破戒』『夜明け前』、詩集に『若菜集』などがある。

初恋（はつこひ）

タイムトライアル 8分

解答 p.16

1 読解問題 詩を読んで、問いに答えなさい。

教科書176ページ～177ページ

初恋　　島崎　藤村

まだあげ初めし前髪の
林檎（りんご）のもとに見えしとき
前にさしたる花櫛（はなぐし）の
花ある君と思ひけり

やさしく白き手をのべて
林檎をわれにあたへしは
薄紅（うすくれなゐ）の秋の実に
人こひ初めしはじめなり

わがこころなきためいきの
その髪の毛にかかるとき
たのしき恋の盃（さかづき）を
君が情（なさけ）に酌（く）みしかな

林檎畑（ばたけ）の樹（こ）の下に
おのづからなる細道は
誰（た）が踏みそめしかたみぞと
問ひたまふこそこひしけれ

(1) この詩の文体・形式として適切なものを次から一つ選び、記号で答えなさい。
ア 口語定型詩　イ 口語自由詩
ウ 文語定型詩　エ 文語自由詩
（　　）

ヒント 五音七音のリズムをもつ詩だね。

(2) 第一連から第四連の内容にあてはまるものを次から選び、それぞれ記号で答えなさい。
ア 恋の成就（じょうじゅ）　イ 恋の始まり
ウ 恋人への思い　エ 少女との出会い
① 第一連（　　）　② 第二連（　　）
③ 第三連（　　）　④ 第四連（　　）

ヒント 時間の流れとともに恋が深まっていくね。

(3) 8行め「薄紅の秋の実」とは、なんのことですか。詩の中から抜き出しなさい。
（　　）

ヒント 直前の部分から探そう。

(4) 林檎の木の下で何度も少女と会っていたことがわかる言葉を詩の中から探し、九字で抜き出しなさい。

ヒント 第四連に注目しよう。

ぴたトレ1 要点チェック

故郷

魯迅（ルーシュン） 竹内好（たけうちよしみ）訳

解答 p.16

1 新しく習った漢字　読み仮名を書きなさい。

①脳裏（　　）②股（　　）③坊ちゃん（　　）④雇う（　　）
⑤艶（　　）⑥帽子（　　）⑦渇く（　　）⑧跳ねる（　　）
⑨塀（　　）⑩贈る（　　）⑪脚（　　）⑫豆腐（　　）
⑬駆ける（　　）⑭旦那（　　）⑮境遇（　　）⑯凶作（　　）
⑰椅子（　　）⑱炊事（　　）⑲掘る（　　）⑳鶏（　　）
㉑名残（　　）㉒英雄（　　）㉓所望（　　）㉔崇拝（　　）

2 重要語句　正しい意味を下から選び、記号で答えなさい。

①（　　）恭（うやうや）しい　ア 相手を敬い、丁寧な様子。
②（　　）偶像崇拝　イ 偶像を信仰の対象にすること。

3 登場人物　物語に出てくる人物名を書きなさい。

①「（　　）」…語り手。二十年ぶりに故郷に帰った。
②（　　）…①の家の雇（やと）い人の息子。
③（　　）…「豆腐屋小町」。
④（　　）…①の甥（おい）。

4 場面設定　それぞれの場面についてまとめなさい。

①二十年ぶりの故郷に向かう（　　）の上。
②（　　）近い昔の、閏土（ルントー）の思い出。
③豆腐屋の（　　）との再会。
④（　　）との再会。
⑤故郷を離れる（　　）の日。

故郷

1 読解問題 文章を読んで、問いに答えなさい。

教科書180ページ1行～181ページ2行

厳しい寒さの中を、二千里の果てから、別れて二十年にもなる故郷へ、①私は帰った。

もう真冬の候であった。そのうえ故郷へ近づくにつれて、空模様は怪しくなり、冷たい風がヒューヒュー音をたてて、船の中まで吹き込んできた。苫（とま）の隙間から外をうかがうと、鉛色の空の下、わびしい村々が、いささかの活気もなく、あちこちに横たわっていた。②覚えず寂寥（せきりょう）の感が胸にこみあげた。

ああ、これが二十年来、片時も忘れることのなかった故郷であろうか。

私の覚えている故郷は、まるでこんなふうではなかった。私の故郷は、もっとずっとよかった。その美しさを思い浮かべ、その長所を言葉に表そうとすると、しかし、その影はかき消され、言葉は失われてしまう。やはりこんなふうだったかもしれないという気がしてくる。そこで私は、③こう自分に言い聞かせた。もともと故郷はこんなふうなのだ――進歩もないかわりに、私が感じるような寂寥もありはしない。そう感じるのは、自分の心境が変わっただけだ。なぜなら、今度の帰郷は決して楽しいものではないのだから。

魯迅／竹内好訳「故郷」〈魯迅文集 第一巻〉より

タイムトライアル 8分

解答 p.16

(1) ――線①「私」はどこで、何をしているところですか。

（　　　　）

ヒント 第一・二段落から読み取ろう。

(2) ――線②「覚えず寂寥の感が胸にこみあげた」とありますが、「私」はなぜこのように感じたのですか。次から一つ選び、記号で答えなさい。

ア 寒さが厳しいうえ、故郷が近づくにつれ、空模様が怪しくなってきたから。

イ 二十年来、片時も忘れることのなかった故郷に、やっと帰ってきたから。

ウ もともとわびしく活気のなかった故郷が、発展もなくそこにあったから。

エ 美しいと思い込んでいた故郷が、実際にはわびしく活気がなかったから。

（　　）

ヒント 故郷の様子を見た「私」の気持ちだよ。

(3) ――線③「こう」のさす部分の、初めと終わりの五字を抜き出しなさい。（句読点を含む。）

□□□□□～□□□□□

ヒント 指示語は直前の部分をさすとは限らないよ。

ぴたトレ **3** 確認テスト

故郷

時間20分　／100点　合格75点　解答p.16

1 思考・判断・表現　文章を読んで、問いに答えなさい。

教科書188ページ1行〜190ページ2行

ある寒い日の午後、私は食後の茶でくつろいでいた。表に人の気配がしたので、振り向いてみた。①思わずアッと声が出かかった。急いで立ち上がって迎えた。

来た客は閏土（ルントー）である。ひと目で閏土とわかったものの、その閏土は、②私の記憶にある閏土とは似もつかなかった。背丈は倍ほどになり、昔の艶（つや）のいい丸顔は、今では黄ばんだ色に変わり、しかも深いしわがたたまれていた。目も、彼の父親がそうであったように、周りが赤く腫れている。私は知っている。海辺で耕作する者は、一日中潮風に吹かれるせいで、よくこうなる。頭には古ぼけた毛織りの帽子（ぼうし）、身には薄手の綿入れ一枚、全身ぶるぶる震えている。紙包みと長いきせるを手に提げている。その手も、私の記憶にある血色のいい、まるまるした手ではなく、太い、節くれだった、しかもひび割れた、松の幹のような手である。

私は感激で胸がいっぱいになり、しかしどう口をきいたものやら思案がつかぬままに、ひと言、

「③ああ、閏（ルン）ちゃん――よく来たね……。」

続いて言いたいことが、あとからあとから、数珠（じゅず）つなぎになって出かかった。角鶏（チアオチー）、跳（は）ね魚、貝殻（かいがら）、猹（チャー）……だがそれらは、何かでせき止められたように、頭の中を駆（か）けめぐるだけで、④口からは出なかった。

(1) ――線①「思わずアッと……立ち上がって迎えた」とありますが、このときの「私」の気持ちを簡潔に答えなさい。　15点

(2) ――線②「私の記憶にある閏土とは似もつかなかった」とありますが、「血色のいい、まるまるした手」はどのように変わりましたか。文章中の言葉を用いて答えなさい。　15点

(3) ――線③「ああ、閏ちゃん――よく来たね……。」という言葉は、どんな気持ちから言ったのですか。次から一つ選び、記号で答えなさい。　10点

ア 相手が自分のことをどう思っているか不安な気持ち。
イ 相手が話しかけやすいように自分から話そうという気持ち。
ウ 雇い主が雇い人をねぎらう気持ち。
エ 昔の友情がまだ続いているという気持ち。

(4) ――線④「口からは出なかった」とありますが、それはなぜですか。簡潔に答えなさい。　10点

(5) ――線⑤「喜びと寂しさ」とは、どういう喜びと、どういう寂しさですか。簡潔に答えなさい。　15点

考える

(6) ――線⑥「悲しむべき厚い壁」とは、どんなことをいっていますか。考えて書きなさい。　15点

彼は突っ立ったままだった。⑤喜びと寂しさの色が顔に現れた。唇が動いたが、声にはならなかった。最後に、恭(うやうや)しい態度に変わって、はっきりこう言った。

「旦那(だんな)様！……。」

私は身震いしたらしかった。⑥悲しむべき厚い壁が、二人の間を隔ててしまったのを感じた。私は口がきけなかった。

彼は後ろを向いて、「水生(シュイション)、旦那様にお辞儀しな。」と言って、彼の背に隠れていた子どもを前へ出した。これぞまさしく三十年前の閏土であった。いくらか痩せて、顔色が悪く、銀の首輪もしていない違いはあるけれども。「これが五番めの子でございます。世間へ出さぬものですから、おどおどしておりまして……。」

母と宏児(ホンル)が二階から降りてきた。話し声を聞きつけたのだろう。

「ご隠居様、お手紙は早くにいただきました。全く、うれしくてたまりませんでした、旦那様がお帰りになると聞きまして……。」と閏土は言った。

「まあ、なんだってそんな、他人行儀にするんだね。おまえたち、昔は兄弟の仲じゃないか。昔のように、迅(シュン)ちゃん、でいいんだよ。」と母は、うれしそうに言った。

「めっそうな、ご隠居様、なんとも……とんでもないことでございます。あの頃は子どもで、なんのわきまえもなく……。」そしてまたも水生を前に出してお辞儀させようとしたが、子どもははにかんで、父親の背にしがみついたままだった。

魯迅／竹内 好 訳「故郷」〈魯迅文集 第一巻〉より

2 ──線のカタカナを漢字で書きなさい。 各5点

① 喉がカワく。

② プレゼントをオクる。

③ 庭の土をホる。

④ エイユウに憧れる。

1						2			
(1)	(2)	(3)	(4)	(5)	(6)	①	③	②	④

ぴたトレ 1 要点チェック

漢字の広場4 四字熟語（漢字の練習5）

解答 p.17

スタートアップ

四字からなる熟語には、慣用句やことわざ・故事成語なども含まれる。四字熟語の多くは、二字熟語を組み合わせてできている。ただし、中国の故事を背景にした故事成語など、二字熟語からは意味をつかむことが難しいものもあるので注意が必要である。

- 対立する二字熟語を並べたもの。
  例 一喜一憂・半信半疑
- 同じような意味の二字熟語を重ねたもの。
  例 公明正大・自由奔放
- 上の二字熟語が下の二字熟語を修飾するもの。
  例 永世中立・昼夜兼行
- 上と下の二字熟語が「主語―述語」の関係になっているもの。
  例 大器晩成・満場一致
- 上と下の二字熟語が「対象語―述語」の関係になっているもの。
  例 自然保護・世論調査
- 関連のある一字の漢字を四つ並べたもの。
  例 春夏秋冬・花鳥風月
- 故事成語であるもの。
  例 捲土重来（けんどちょうらい）・朝三暮四

1 新しく習った漢字 読み仮名を書きなさい。

①清廉潔白（　） ②粉骨砕身（　） ③循環経路（　） ④駐車禁止（　）
⑤名誉毀損（　） ⑥寡占（　） ⑦交渉（　） ⑧折衷（　）
⑨栽培（　） ⑩清涼（　） ⑪幾何学（　） ⑫民俗学（　）
⑬水滴（　） ⑭厳粛（　） ⑮宮廷（　） ⑯天井（　）
⑰帰還（　） ⑱怠る（　） ⑲軌道（　） ⑳猶予（　）
㉑克服（　） ㉒平穏（　） ㉓拘束（　） ㉔凝固（　）

2 重要語句 正しい意味を下から選び、記号で答えなさい。

①（　）寡占　　ア 複数の物事のよいところを合わせること。
②（　）折衷　　イ 少数の供給者が市場を支配すること。

ぴたトレ 2 練習

漢字の広場4　四字熟語

タイムトライアル 8分

解答 p.17

1 次の□にあてはまる漢数字を入れて、四字熟語を完成させなさい。

① A石B鳥
② A日B秋
③ A束B文
④ A苦B苦
⑤ A差B別
⑥ A方美人

2 次の四字熟語の――線部の漢字を正しい漢字に直しなさい。

① 異句同音
② 意味慎長
③ 絶対絶命
④ 無我無中
⑤ 五里夢中

3 次の――線の四字熟語が正しく使われていれば○、正しく使われていなければ×を書きなさい。

① 寄付金集めに東奔西走する。
② いい気になって縦横無尽にふるまう。
③ 逃げ場を求めて右往左往する。
④ 合格の知らせに七転八倒して喜ぶ。
⑤ 一部始終しか見ていなかったのでわからない。
⑥ 空前絶後の大事件が起こった。
⑦ 我田引水の説明でよくわかる。

4 次の故事成語である四字熟語の意味を□から選び、それぞれ記号で答えなさい。

① 呉越(ごえつ)同舟
② 四面楚歌(そか)
③ 朝三暮四
④ 画竜点睛(がりょうてんせい)

ア 四方を敵に囲まれて孤立していること。
イ 敵対する者どうしが同じ場所にいること。
ウ 物事を立派に完成させるための最後の仕上げ。
エ 目前の違いにとらわれ、結果が同じことに気づかないこと。

1						2	3		4
① A	B	③ A	B	⑤ A	B	①	①	⑥	①
② A	B	④ A	B	⑥ A		②	②	⑦	②
						③	③		③
						④	④		④
						⑤	⑤		

ぴたトレ 1 要点チェック

持続可能な未来を創るために——人間の生命・存在を考える
生命とは何か
福岡伸一（ふくおか しんいち）

解答 p.18

1 これまでに習った漢字　読み仮名を書きなさい。

①細胞（　　）②粒子（　　）③困惑（　　）④陰（　　）
⑤出没（　　）⑥敷く（　　）⑦霧吹き（　　）⑧湿る（　　）
⑨殻（　　）⑩釣る（　　）⑪眠る（　　）⑫蓋（　　）
⑬隙間（　　）⑭悟る（　　）⑮腐る（　　）⑯交換（　　）
⑰平衡（　　）⑱恒常的（　　）⑲介入（　　）⑳戻る（　　）

2 重要語句　正しい意味を下から選び、記号で答えなさい。

①（　　）邁進（まいしん）　ア　一定していて変わらないこと。
②（　　）平衡　イ　釣り合いが取れていること。
③（　　）恒常的　ウ　恐れず突き進むこと。

3 内容　文章の内容をまとめなさい。

①（　　　）が「生命とは何か」を解明するために行ってきたこと。
②（　　　）の卵を孵化（ふか）させたときのこと。
③研究を進めてわかった（　　　）の真実。

4 結論　文章の結論をまとめなさい。

生命は一定の（　　　）が保たれた（　　　）の現象である。

得点UPポイント

経験談（具体例）について読み取る！

☑「生命とは何か」では、筆者の経験談があげられている。
☑具体例をとおして筆者がいいたいことを読み取ろう。

左の文章は、筆者の過去の経験を述べたものだよ。

ぴたトレ 2 練習

生命とは何か

タイムトライアル 8分

解答 p.18

1 読解問題 文章を読んで、問いに答えなさい。

教科書223ページ上4行〜下4行

私は、それをそっと持ち帰って、土を敷いた小箱に入れて毎日観察した。乾きすぎないように、時々霧吹きで湿り気を与えた。しかし、何日待っても何事も起きなかった。トカゲの卵が孵(ふ)化(か)するのに、季節によっては二か月以上を要することまでは、当時の私にはわからなかったのだ。

①待ちきれなくなった私は、卵に微小な穴をあけて内部を見てみようと決意した。もし内部が〝生きて〟いたらそっと殻を閉じればいい。私は準備した針とピンセットを使って、注意深く、殻を小さく四角形に切り取ってのぞき穴を作った。するとどうだろう。中には、卵黄をおなかに抱いた小さなトカゲの赤ちゃんが、不釣り合いに大きな頭を丸めるように静かに眠っていた。

次の瞬間、私は見てはいけないものを見たような気がして、すぐに蓋を閉じようとした。断片で穴を塞ごうとしたが、そこには隙間が残った。②まもなく私は、自分が行ってしまったことが取り返しのつかないことを悟った。殻を接着剤で閉じることはできても、そこに息づいていたものを元通りにすることはできないということを。いったん外気に触れたトカゲの赤ちゃんは、徐々に腐り始め、形が溶けていった。

福岡 伸一「生命とは何か」より

(1) ――線①「待ちきれなくなった私は、……決意した」とありますが、このときの「私」の気持ちを次から一つ選び、記号で答えなさい。

ア トカゲはすでに死んでいるに違いないという気持ち。
イ あとで殻を閉じれば、元通りに戻るはずだという気持ち。
ウ 一度殻を開けたら、元通りにはできないという気持ち。

(　　)

ヒント 「決意」したときの気持ちを直後から読み取ろう。

(2) ――線②「まもなく私は、……悟った」について、次の問いに答えなさい。

① トカゲの赤ちゃんはどうなってしまったのですか。その結果を文章中から一文で探し、初めの五字を抜き出しなさい。

ヒント 傍線部よりもあとの部分から読み取ろう。

② 「取り返しのつかないこと」を具体的に述べている部分を文章中から三十字で探し、初めと終わりの五字を抜き出しなさい。

〜

ヒント ①で見た、「私」がしたことの結果からもわかるね。

ぴたトレ 1 要点チェック

地球は死にかかっている

手塚(てづか)治虫(おさむ)

解答 p.19

1 これまでに習った漢字　読み仮名を書きなさい。

①輝く(　　)　②恐竜(　　)　③巨大(　　)　④奇跡(　　)
⑤年齢(　　)　⑥万物(　　)　⑦霊長(　　)　⑧破壊(　　)
⑨握る(　　)　⑩野蛮(　　)　⑪環境(　　)　⑫汚染(　　)

2 重要語句　正しい意味を下から選び、記号で答えなさい。

①(　　)暗黒　　　ア　新たに仲間に加わった者。
②(　　)新参者　　イ　人をむごたらしく大量に殺すこと。
③(　　)自賛　　　ウ　事態が新たに展開する時。
④(　　)殺戮(さつりく)　エ　自分で自分をほめること。
⑤(　　)あけぼの　オ　真っ暗なこと。

3 内容　文章の内容をまとめなさい。

①地球は、豊かな(　　　　)が満ちあふれた星であり、誕生してから四十六億年もたっている。
②人間は三百万年前に誕生した(　　　　)なのに、「(　　　　)」と自賛し、地球上の全生命を左右しようとしている。
③地球を死の惑星にしないために、人類は地球上のすべての生物と(　　　　)をめざすべきだ。

得点UPポイント

論の展開を読み取る!

☑「地球は死にかかっている」は、地球と人類の関係を述べた文章である。
☑筆者が、人類のあるべき姿をどう捉えているかを読み取ろう。

左の文章は、人類に対する筆者の考えを述べたものだよ。

ぴたトレ **2**

練習

地球は死にかかっている

タイムトライアル 8分

解答 p.19

1 読解問題 文章を読んで、問いに答えなさい。 教科書225ページ上16行～下14行

四十六億年という、とてつもないはるかな時間が、僕らの地球の年齢です。しかし、地球上に最初の人類が誕生してからは三百万年しかまだたっていない。

つまり、人間なんて、地球の歴史上では新参者もいいところということです。①それがどういうわけか、いまやわが物顔で、「万物の霊長」と自賛しつつ、欲望のおもむくままに自然を破壊し、動物たちを殺戮(さつりく)しつづけています。

（中略）人類など地球上に現れてから、まだ三百万年でしかないのに、早くも人類自身ばかりか、地球上の全生命体滅亡か存続かの鍵を握っている。

僕ら人類はやっと生まれたばかりなのです。このままでは、人類史など大宇宙の営みからみれば、はかない一瞬の夢で終わりそうです。

②ひょっとするとこれまでも今も、人類はまだ野蛮時代なのかもしれないと思うことがあります。

たとえ月着陸を果たし、宇宙ステーション建造がどんなに進もうと、環境汚染や戦争をやめないかぎり、「野蛮人」というほかないのではないでしょうか。

手塚　治虫「地球は死にかかっている」〈ガラスの地球を救え〉より

(1) ――線①「それがどういうわけか、……殺戮しつづけています」について、次の問いに答えなさい。

① 筆者は、人間をどんなものだと考えていますか。ここよりも前の部分から三字で抜き出しなさい。

② 「わが物顔で、……殺戮しつづけています」と同じ意味を表している部分を文章中から二十二字で探し、初めと終わりの五字を抜き出しなさい。（句点は含まない。）

～

ヒント 筆者は地球と人間（人類）を比較しているね。

(2) ――線②「ひょっとするとこれまでも今も、人類はまだ野蛮時代なのかもしれないと思うことがあります」とありますが、なぜ筆者は人類が「野蛮時代」にあると思うのですか。次から一つ選び、記号で答えなさい。

ア 人類は、月着陸を果たし、宇宙ステーション建造を進めているから。

イ 人類は、環境汚染や戦争を行っているから。

ウ 人類は、地球に比べるとまだ生まれたばかりの存在だといえるから。

（　　）

ヒント 「野蛮」は未開であること、文化・教養が低いことだよ。

ぴたトレ 1 要点チェック

水の星

茨木(いばらぎ)のり子(こ)

解答 p.19

1 これまでに習った漢字 読み仮名を書きなさい。

① 漆黒（　　） ② 闇（　　） ③ 親戚（　　） ④ 驚く（　　）
⑤ 距離（　　） ⑥ 渦（　　） ⑦ 記憶（　　） ⑧ 怪しい（　　）
⑨ 抱える（　　）

2 重要語句 正しい意味を下から選び、記号で答えなさい。

①（　）漆黒　　**ア** きわめて小さいこと。
②（　）善良　　**イ** 漆器のように黒く艶やかであること。
③（　）ていたらく　　**ウ** ありさま。様子。
④（　）豊饒(ほうじょう)　　**エ** 性質がよいこと。
⑤（　）極小　　**オ** 土地が豊かで作物がよく実ること。

スタートアップ

「水の星」について

「水の星」は、宇宙から写した一枚の写真を詠(よ)み込むことによって、宇宙から眺めるという大きな視野で、地球を捉えた作品である。

作品の中に出てくる「ノアの箱船」とは、旧約聖書の創世記に出てくる船で、人類の堕落に怒った神が起こした洪水を逃れるため、ノアが造ったものである。ノアはその船に家族と全ての動物の雌雄一対を乗せたため、人類及び動物は絶滅をまぬかれた。

●構成…六つの連によってなる。
●作者…茨木のり子（一九二六〜二〇〇六）は、大阪府生まれの詩人。詩集に『鎮魂歌』『自分の感受性くらい』などがある。
●出典…『倚(よ)りかからず』は、一九九九年に出版された詩集。表題作は、茨木のり子の晩年の代表作の一つである。

ぴたトレ2 練習

水の星

タイムトライアル 8分

解答 p.19

1 読解問題 詩を読んで、問いに答えなさい。

教科書228ページ

水の星　　茨木 のり子

宇宙の漆黒の闇のなかを
ひっそりまわる水の星
まわりには仲間もなく親戚もなく
まるで孤独な星なんだ

生まれてこのかた
なにに一番驚いたかと言えば
水一滴もこぼさずに廻る地球を
外からパチリと写した一枚の写真

こういうところに棲んでいましたか
これを見なかった昔のひととは
線引きできるほどの意識の差が出てくる筈なのに
みんなわりあいぼんやりとしている

太陽からの距離がほどほどで
それで水がたっぷりと渦まくのであるらしい
中は火の玉だっていうのに

ありえない不思議　蒼い星

すさまじい洪水の記憶が残り
ノアの箱船の伝説が生まれたのだろうけれど
善良な者たちだけが選ばれて積まれた船であったのに

子子孫孫のていたらくを見れば　この言い伝えもいたって怪しい

軌道を逸れることもなく　いまだ死の星にもならず
いのちの豊饒を抱えながら
どこかさびしげな　水の星
極小の一分子でもある人間が　ゆえなくさびしいのもあたりまえで

あたりまえすぎることは言わないほうがいいのでしょう

(1) この詩の文体・形式として適切なものを次から一つ選び、記号で答えなさい。

ア 口語定型詩　イ 口語自由詩
ウ 文語定型詩　エ 文語自由詩

ヒント 使われている言葉と音数のきまりの有無で分類するよ。

（　　）

(2) この詩は、地球はどのような星だといっていますか。次の文中の□にあてはまる言葉を、それぞれ文章中から二字、三字、一字で抜き出しなさい。

・仲間も親戚もなく a な星。
・中は b なのに、 c がたっぷりある、不思議な星。

ヒント 第一連及び第四連に注目しよう。

a　b　c

(3) ――線「子子孫孫の……怪しい」とありますが、どういうことですか。次から一つ選び、記号で答えなさい。

ア ノアの箱船に積まれて生き残ったのが善良な者だったかどうかはわからないということ。
イ ノアの箱船に積まれて善良な者が助かったという伝説はうそに違いないということ。
ウ ノアの箱船に積まれなくても善良な者は生き残っただろうということ。

ヒント 「この言い伝え」は「ノアの箱船の伝説」のことだね。

（　　）

ぴたトレ 1 要点チェック

「対話力」とは何か

多田（ただ）孝志（たかし）

解答 p.19

1 これまでに習った漢字　読み仮名を書きなさい。

①信頼（　　）　②知恵（　　）　③恐れる（　　）　④根拠（　　）

⑤把握（　　）　⑥柔軟（　　）　⑦模擬（　　）　⑧鋭い（　　）

2 重要語句　正しい意味を下から選び、記号で答えなさい。

①（　　）まれ　　　**ア**　過程。経過。

②（　　）プロセス　　**イ**　しっかりと理解すること。

③（　　）的確　　　**ウ**　相手の話にうなずくこと。

④（　　）あいづち　　**エ**　数少なく珍しいこと。

⑤（　　）把握　　　**オ**　まちがいがないこと。

⑥（　　）柔軟　　　**カ**　場に応じた判断ができること。

3 テーマ　「対話力」についてまとめなさい。

・（①　　　　）に必要とされるもの。

・「（②　　　　）と互いに意見を出し合い、対立や（③　　　　）を生かし合い、一人では生み出せない新たな知恵や（④　　　　）を、共に（⑤　　　　）」力。

・「話し合いの（⑥　　　　）をとおして、良好な（⑦　　　　）をつくっていく」力。

得点UPポイント

キーワードについて読み取る！

☑「『対話力』とは何か」は、対話のしかたについて述べた文章である。

☑「対話力」とはどんなものなのかを読み取ろう。

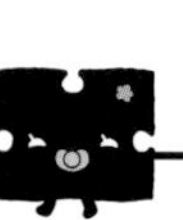

左の文章は、「対話力」について述べたものだよ。

ぴたトレ 2

練習

「対話力」とは何か

タイムトライアル 8分

解答 p.19

1 読解問題 文章を読んで、問いに答えなさい。 教科書230ページ上8行〜下11行

　私は、このような多文化共生社会に必要とされるのは、「多様な人々と互いに意見を出し合い、対立や異なる考え方を生かし合い、一人では生み出せない新たな知恵や解決策を、共に創り出す」力、また、「話し合いのプロセスをとおして、良好な人間関係をつくっていく」力と考えています。①私は、このような力を「対話力」と呼んでいます。

　②多文化共生社会においては、「人と人とが理解し合うことは難しいのだ」ということを、まずしっかりと心得ておくことが大切です。日本人どうしが、日本語でコミュニケーションをしていても、なかなか理解し合えないものです。ましてや文化の異なる人たちと、互いに理解し合うことは、より困難だといえるでしょう。

　しかし、③大切なのは、そこで諦めないことです。対話の困難さを互いが認めたからこそ、相手の発言内容をできるだけ的確に聞き取ろうとし、自分の伝えたいことをわかりやすく伝える工夫をする。こうした努力をすることにより、少しずつであっても、互いの理解が深まっていき、相手からの信頼を得ることもできるのです。

多田　孝志「『対話力』とは何か」より

(1) ——線①「私は、このような力を『対話力』と呼んでいます」とありますが、「対話力」にあてはまるものを文章中から二つ探し、それぞれ初めの五字を抜き出しなさい。（記号は含まない。）

ヒント 同じ段落の中から読み取ろう。

(2) ——線②「多文化共生社会においては、……大切です」とありますが、なぜ多文化共生社会では「人と人とが理解し合うことは難しい」のですか。次から一つ選び、記号で答えなさい。

ア 日本語は外国人とのコミュニケーションに不向きだから。
イ 日本人には外国人と理解し合おうという意識がないから。
ウ 言葉も文化も異なる相手と理解し合うことは難しいから。

（　）

ヒント 「日本人どうし」でも「理解し合えない」とあるね。

(3) ——線③「大切なのは、そこで諦めないことです」とありますが、筆者は、具体的にどうすればよいと考えていますか。文章中から五十字以内で探し、初めと終わりの五字を抜き出しなさい。（句点は含まない。）

〜

ヒント あとにある「こうした努力」とは何かな。

ぴたトレ 1 要点チェック

バースデイ・ガール

村上(むらかみ) 春樹(はるき)

解答 p.19

1 これまでに習った漢字 読み仮名を書きなさい。

①風邪（　） ②致命的（　） ③硬い（　） ④雰囲気（　）
⑤穏やか（　） ⑥陰鬱（　） ⑦自慢（　） ⑧挨拶（　）
⑨監視（　） ⑩載せる（　） ⑪神妙（　） ⑫挑む（　）
⑬凝る（　） ⑭虚無（　） ⑮嫌う（　） ⑯脂汗（　）
⑰小柄（　） ⑱脱ぐ（　） ⑲隣（　） ⑳妖精（　）
㉑鼓動（　） ㉒即席（　） ㉓帳簿（　） ㉔曖昧（　）

2 重要語句 正しい意味を下から選び、記号で答えなさい。

①（　）神妙　　ア　素直でおとなしい態度。
②（　）ひとしきり　　イ　しばらくの間。

3 登場人物 あてはまる言葉を書きなさい。

①彼女…イタリア料理店で（　）の仕事をしている。
②老人…イタリア料理店の（　）。
③「僕」…語り手。

4 内容 物語の内容をまとめなさい。

①（　）の事情
…二十歳の誕生日に、アルバイトをすることになった。
②「（　）」と彼女の会話
…全体の中に（　）か所ある。
③老人と彼女の出会い、やりとり
…老人は、彼女の二十歳の誕生日のプレゼントに（　）をかなえると言う。

ぴたトレ 2

練習

バースデイ・ガール

1 読解問題　文章を読んで、問いに答えなさい。

教科書253ページ下14行〜254ページ上15行

「それで、だ。」と老人は言って、枯れ葉色のネクタイの結び目に手をやった。「①私としては、お嬢さん、君に何か誕生日のプレゼントをあげたいと思う。二十歳の誕生日みたいな特別な日には、特別な記念品が必要なんだよ、なんといっても。」

②彼女はあわてて首を振った。「お願いですからそんなことは気になさらないでください。私は上の人に言われて、お食事を運んできただけですから。」

老人はてのひらを前に向けて両手を上げた。「いやいや、君こそ気にしなくていい。プレゼントといっても形のあるものじゃない。値段のあるものでもない。つまりね。」と彼は言って、両手を机の上に置いた。そして一度ゆっくりと息をついた。「つまり、私としては君の願いをかなえてあげたいんだよ、かわいい妖精のお嬢さん。君の望むことをかなえてあげたい。なんでもいい。どんな望みでもかまわない。もちろんもし君に願いごとがあるならということだけれど。」

村上　春樹「バースデイ・ガール」〈バースデイ・ストーリーズ〉より

(1) ――線①「私としては……あげたいと思う」について、次の問いに答えなさい。

① 「老人」がそのように思ったのはなぜですか。その理由がわかる一文を文章中から探し、初めの五字を抜き出しなさい。

② 「老人」がくれる「誕生日のプレゼント」とはどんなものですか。次の文中の□にあてはまる言葉を、文章中から二字で抜き出しなさい。

・□をかなえてやること。

ヒント　「老人」の言葉の中から読み取ろう。

(2) ――線②「彼女はあわてて首を振った」とありますが、このときの「彼女」の気持ちを次から一つ選び、記号で答えなさい。

ア 「老人」からプレゼントなどをもらったら、上の人からしかられるに決まっているという気持ち。

イ 上の人に言われてしたことだったし、「老人」からプレゼントをもらう理由などなかったという気持ち。

ウ 「老人」からプレゼントなどをもらったら、あとでどんな見返りを要求されるかわからないという気持ち。

（　　）

ヒント　「彼女」の言葉の中から読み取ろう。

タイムトライアル 8分

解答 p.19

ぴたトレ 3 確認テスト

バースデイ・ガール

時間20分 ／100点 合格75点

解答 p.20

1 思考・判断・表現 文章を読んで、問いに答えなさい。

教科書256ページ上2行〜257ページ上13行

「君のような年頃の女の子にしては、いっぷう変わった願いのように思える。」と老人は言った。「実を言えば私は、①もっと違ったタイプの願いごとを予想していたんだけどね。」

「もしまずいようなら、何か別のものにします。」と彼女は言った。それから一つせきばらいをした。「別のものでもかまわないんです。何か考えますから。」

「いやいや。」老人は両手を上に上げ、旗のように空中でひらひらと振った。「まずいわけじゃない、全然。ただね、私は驚いたんだよ、お嬢さん。つまり、もっと他に君が願うことはないんだね？　例えば、そうだな、もっと美人になりたいとか、賢くなりたいとか、お金持ちになりたいとか、そういうことじゃなくてもかまわないんだね？　普通の女の子が願うようなことを。」

彼女は時間をかけて言葉を探した。老人はその間何も言わず、ただじっと待っていた。彼の両手は机の上に静かにそろえられていた。

「もちろん美人になりたいし、賢くもなりたいし、お金持ちになりたいとも思います。でもそういうことって、もし実際にかなえられてしまって、②その

よく出る

(1) ――線①「もっと違ったタイプの願いごと」とは、どのようなことですか。文章中から十五字以内で抜き出しなさい。 10点

(2) ――線②「その結果……想像できないんです」とありますが、どういうことですか。文章中の言葉を用いて答えなさい。 20点

(3) ――線③「その仕組み」とは、なんの仕組みですか。 10点

(4) 上の文章からわかる「彼女」の人柄として最も適切なものを次から一つ選び、記号で答えなさい。 10点

ア 物事をじっくりと考える、慎重な人柄。

イ 物事をなかなか決められない、優柔不断な人柄。

ウ すぐに考えを変える、いい加減な人柄。

エ 物事にこだわらない、さっぱりした人柄。

(5) 〰〰線「まるで思念に集中する脳みそのしわみたいに」「例えば目に見えないくらい微小な羽毛のような」の部分に用いられている表現技法をなんといいますか。漢字二字で答えなさい。 10点

考える

(6) ――線④「手ぶらに……気分だった」とありますが、このときの「彼女」の状態を簡潔に答えなさい。 20点

結果自分がどんなふうになっていくのか、私にはうまく想像できないんです。かえってもてあましちゃうことになるかもしれません。私には人生というものがまだうまくつかめていないんです。ほんとに。③その仕組みがよくわからないんです。」

「なるほど。」老人は両手の指を組み、それをまた離した。

「なるほど。」

「そんな願いでかまわないんですか?」

「もちろん。」と老人は言った。「もちろん。私のほうにはなんの不都合もない。」

老人は急に空中の一点をじっと見つめた。額のしわがいっそう深くなった。まるで思念に集中する脳みそのしわみたいに。彼は空中に浮かんだ何かを——例えば目に見えないくらい微小な羽毛のようなものを——見ているようだった。それから両手を広げ、腰を軽く浮かせ、勢いよくてのひらを合わせた。ぽんという乾いた短い音がした。そして椅子に腰を下ろした。指先で額のしわをやわらげるようにゆっくりなぞり、静かにほほえんだ。「これでよろしい。これで君の願いはかなえられた。」

「もうかなえられたんですか?」

「ああ、君の願いはすでにかなえられた。お安いご用だ。」と老人は言った。「きれいなお嬢さん、誕生日おめでとう。ワゴンは廊下の外に出しておくから、心配しなくていい。君の仕事に戻りなさい。」

彼女はエレベーターに乗って店に戻った。④手ぶらになったせいか、体がいやに軽く、ふわふわした、訳のわからないものの上を歩いているような気分だった。

村上 春樹「バースデイ・ガール」〈バースデイ・ストーリーズ〉より

2 ——線のカタカナを漢字で書きなさい。

① カタハバが広い。　② 手柄をジマンする。

③ 新聞にノった記事。　④ 鏡をミガく。

各5点

1 (1)	1 (2)	1 (3)	1 (4)	1 (5)	1 (6)	2 ①	2 ②	2 ③	2 ④

ぴたトレ 1 要点チェック

青春の歌――無名性の光

穂村（ほむら）弘（ひろし）

解答 p.20

1 これまでに習った漢字　読み仮名を書きなさい。

①叫ぶ（　　）
②途中（　　）
③微妙（　　）
④恋愛（　　）
⑤象徴（　　）
⑥行為（　　）
⑦冗談（　　）
⑧椅子（　　）
⑨締める（　　）
⑩挟む（　　）
⑪感慨（　　）
⑫離れる（　　）
⑬影（　　）

2 重要語句　正しい意味を下から選び、記号で答えなさい。

①（　　）かけがえのない
②（　　）非生産性
③（　　）連想
④（　　）実業

ア 役立つものが何もないさま。
イ あるものに関連したものを思い浮かべること。
ウ 生産・製造・販売などの仕事。
エ このうえなく大切な。

3 テーマ　文章のテーマをまとめなさい。

（　　）とはどういう時間か。

4 内容　文章で扱われている短歌についての叙述をまとめなさい。

①「雲を雲と…」（澤村斉美（さわむらまさみ））…「（　　）」「ここ」の輝きを感じさせる。

②『うごく』『いや動かない』…」（伴風花（ばんふうか））…「今」という時間の（　　）を表している。

③「互いしか…」（野口（のぐち）あや子（こ））…「眩（まぶ）しい今」から「（　　）」への変化が読み取れる。

④「椅子にもたれ…」（永田紅（ながたこう））…かつての恋人か（　　）への呼びかけ。

⑤「どこに行けば…」「ああ君が…」（永田紅）…④の作者の（　　）時代の作品。

⑥「十代に…」（小島（こじま）なお）…青春という（　　）の終わりが描かれている。

青春の歌——無名性の光

解答 p.21

1 読解問題 文章を読んで、問いに答えなさい。 教科書263ページ上18行～下17行

> 「うごく」「いや動かない」「いや」真夜中に二人そろってまりもを見張る　伴風花

①「まりもを見張る」という行為には独特の若さがある。「雲」を「雲」と呼ぶのにも通じる非生産性というか、通勤途中の会社員が「雲」と叫んで立ち止まらないように、大の大人は本気でまりもを見張ったりもしないだろう。「うごく」「いや動かない」「いや」という会話は友だちというよりは恋人同士のものかもしれない。②まりもが動くか動かないかは大きな問題ではない。冗談めいたやり取りの中で二人が本当に確かめているのは、「今」という時間の大切さだ。いつまでこうしていられるかは誰にもわからない。仮にずっと一緒だとしても、就職して結婚して子どもができたら、もうこのままの二人ではいられないだろう。真夜中にまりもを見張っていられるのは今だけ。「うごく」「いや動かない」「いや」というやり取りは、青春の光を少しでも自分たちの上に留めておきたいという無意識の現れだと思う。「自転車一台」の例と同様に、ささやかで他愛ないからこそ、かけがえのないものなのだ。

穂村 弘「青春の歌——無名性の光」より

(1) ——線①「『まりもを見張る』という行為には独特の若さがある」とありますが、なぜそのようにいえるのですか。次から一つ選び、記号で答えなさい。

ア 誰もが子どもの頃に、まりもを見張ったことがあるから。
イ 大人であれば、まりもを見張るようなことはしないから。
ウ 大人であれば、まりもが動かないことを知っているから。

（　　）

ヒント 直後の部分から読み取ろう。

(2) ——線②「まりもが動くか動かないかは大きな問題ではない」について、次の問いに答えなさい。

① 本当は何が「問題」なのですか。「～ということ。」につながるように、文章中から十三字で探し、初めと終わりの五字を抜き出しなさい。

□□□□□～□□□□□ ということ。

② 「まりもが動くか動かないか」というやり取りは何を表していると筆者は考えていますか。文章中から三十二字で探し、初めと終わりの五字を抜き出しなさい。

□□□□□～□□□□□

ヒント 「真夜中に……今だけ。」とあることに注目しよう。

ぴたトレ 1

要点チェック

やわらかな想い

さくら ももこ

解答 p.21

1 これまでに習った漢字　読み仮名を書きなさい。

①換える（　　）　②笑顔（　　）　③沈黙（　　）　④瞳（　　）

⑤涙（　　）　⑥柔軟（　　）

2 重要語句　正しい意味を下から選び、記号で答えなさい。

①（　）記号
②（　）置き換える
③（　）深呼吸
④（　）エネルギー

ア　ゆっくりと大きく呼吸すること。
イ　ある内容を表すために用いられる符号など。
ウ　そこにある物をどかして別の物を置く。
エ　物事を成し遂げる活力や気力。

スタートアップ

「やわらかな想い」について

「やわらかな想い」は、「言葉の記号で／置き換えることのできない想い」について述べている。

それは、「父」「母」「あなた」「わたし」という自分にとって身近な人々、そして、「世界中のいろんな人」から「流れ出している」ものである。

「赤ちゃんの笑い声」「理由のない涙」という「柔軟なエネルギーのかたまり」は、人間の、感情として形作られる以前の根源的なものを示しているといえる。

●作者…さくらももこ（一九六五～二〇一八）は、静岡県生まれの漫画家・エッセイスト・作詞家。作品に『ちびまる子ちゃん』『コジコジ』、エッセイに『もものかんづめ』などがある。

●出典…『まるむし帳』は、二〇〇三年に出版された、作者初の詩画集。

「やわらかな想い」とはどんなものかを読み取ろう。

ぴたトレ2 練習

やわらかな想い

タイムトライアル 8分

解答 p.21

1 読解問題 詩を読んで、問いに答えなさい。

教科書266ページ〜267ページ

やわらかな想い　　さくら　ももこ

言葉の記号で
置き換えることのできない想いが
父の静かな笑顔から
母の電話の沈黙から
あなたの瞳の中の光から
わたしの深呼吸から
世界中のいろんな人から
流れ出している。
赤ちゃんの笑い声
理由のない涙
記号にあてはまらない
柔軟なエネルギーのかたまり。

さくら　ももこ「やわらかな想い」〈まるむし帳〉より

(1) この詩の文体・形式として適切なものを次から一つ選び、記号で答えなさい。

ア 口語定型詩　**イ** 口語自由詩
ウ 文語定型詩　**エ** 文語自由詩

（　　）

ヒント 使われている言葉と音数のきまりの有無で分類するよ。

(2) 1・2行めの「言葉の記号で／置き換えることのできない想い」についての説明を次から一つ選び、記号で答えなさい。

ア 自分にとって大事な人から流れ出しているもの。
イ 心の中に強い思いを秘めている人から流れ出しているもの。
ウ 自分の身近な人からも、そうでない人からも流れ出しているもの。

（　　）

ヒント 3〜7行めを読んでみよう。

(3) 12行めに「柔軟なエネルギーのかたまり」とありますが、それは具体的にはどんなものですか。詩の中から二つ探し、抜き出しなさい。

（　　）
（　　）

ヒント 直前の部分から読み取ろう。

ぴたトレ 3 確認テスト

素顔同盟

すやま たけし

時間20分 ／100点 合格75点 解答 p.21

1 思考・判断・表現 文章を読んで、問いに答えなさい。

教科書296ページ上1行〜297ページ上14行

その朝も目を覚ますと仮面をつけ、鏡に向かった。①偽物（にせもの）の笑顔がそこにある。人工的すぎる、口もとだけでしか笑っていない。その他の部分は、目も頰も無表情ですらある。そしてなによりも、その無個性な笑顔はみんなと同じなのだ。人と同じであることは幸福なのだとみんなは言うが、僕は②それに息苦しさを感じている。

鏡の中の僕の顔は笑っている。みんなと同じ、昨日の僕と同じ、そして明日と同じ笑顔なのだろう。しかし、仮面の下の僕は泣いている。僕は僕でありたい。僕はいろんな表情をもちたいと、叫んでいる。鏡の中の仮面はそれを隠している。

学校へ向かう僕はみんなと同じ笑顔をしている。黙々と人波が過ぎていく。彼らは仮面の下で、どんな顔をしているのだろう。僕のように、疑問や怒りを感じることはないのだろうか。

授業中も③そのことばかり考えていた。先生は社会を教えていた。

「……つまり、市民が仮面をつけだしたことによって、④人と人との摩擦はすっかりなくなり、平穏（へいおん）な毎日を送れるようになった……。」

先生は教壇の上で仮面に笑顔を浮かべ、熱弁をふるっている。確かに、怒った顔で授業をするより、このほうがいいのかもしれない。だが、いつも同じ笑顔の先生にもの足りなさを感じるのも事実だ。

「……⑤この便利さを、一度手にしてからは、元に戻るわけにはいか

(1) ――線①「偽物の笑顔」とは、どのようなものですか。説明している部分の初めと終わりの五字を抜き出しなさい。（句読点を含む。） 5点

(2) ――線②「それ」について、次の問いに答えなさい。 各5点

① 「それ」がさすものを、文章中から九字で抜き出しなさい。

② ①（「それ」がさすもの）について、「みんな」はどうだと言っていますか。漢字二字で答えなさい。

③ 「僕」が願っている、①と反対のことを表した一文を、文章中から抜き出しなさい。

(3) ――線③「そのこと」とは、どんなことですか。文章中の言葉を用いて答えなさい。 15点

(4) ――線④「人と人との摩擦はすっかりなくなり、平穏な毎日を送れるようになった……」とありますが、「先生」はこのようになったのはどうしてだと考えていますか。考えて書きなさい。 15点

よく出る (5) ――線⑤「この便利さ」とは、どんなことをさしていますか。簡潔に答えなさい。 10点

考える (6) ――線⑥「先生の今の話、おかしいと思わない？」とありますが、「僕」はなぜそう思ったのですか。「真の自由」という言葉を用いて答えなさい。 20点

なくなった。やがて、この仮面は法令化され、制度として確立されるようになった……。」

僕は隣の友人の顔を見た。必死にノートをとっている彼の顔も笑顔だった。それと同じ笑顔が四十個（僕の笑顔も含めて）先生に向けられているのを、先生が同じ笑顔で受け止めている。どうも滑稽に思えるのだが、隣の友人は奇妙に思うことはないらしく、静かにノートに鉛筆を走らせている。

「……君たちも現在、義務として仮面を着用しているわけだが、不便を感じたことがあっただろうか。考えてもみなさい。もし、君たちが仮面を外し、喜怒哀楽をそのまま表したりしたら……。この世は大混乱に陥るだろう。人は憎(にく)しみ合い、罵り合い、争いが絶えなくなるだろう。いつもニコニコ、平和な世界、笑顔を絶やさず、明るい社会。仮面は私たちに真の平和と自由を与えてくれたのだ……。」

僕は友人にきいてみた。

⑥「先生の今の話、おかしいと思わない？」

すやま たけし「素顔同盟」〈火星の砂時計〉より

2 ——線のカタカナを漢字で書きなさい。

各5点

① 本心をカクす。
② サビしい裏道。
③ たっぷりとネムる。
④ 追跡をノガれる。

1 (1)	1 (2) ①	1 (2) ②	1 (2) ③	1 (3)	1 (4)	1 (5)	1 (6)	2 ①	2 ②	2 ③	2 ④
〜											

ぴたトレ 3 確認テスト

語り継ぐもの

吉永小百合

時間20分 ／100点 合格75点 解答 p.22

1 思考・判断・表現 文章を読んで、問いに答えなさい。

教科書300ページ上12行〜302ページ上5行

一九八一年に『夢千代日記』というテレビドラマにめぐり合った。早坂暁さんのオリジナルシナリオで、私は胎内で被爆した山陰の小さな温泉町の芸者に扮した。白血病に冒されながら、他人に優しくすることで、自らを励ます夢千代。足かけ五年演じて、私にとって記念すべき作品になった。その中で被爆したかたたちとの交流が生まれ、①私は原爆詩を読んだのである。

それから十年間、広島の高校や、東京近郊の②学校の講堂に足を運んだ。原爆詩という存在を学生たちに知ってもらいたい、原爆の悲惨さを子どもたちに少しでもわかってもらいたいと願ってのことである。彼らは、私の朗読をまっすぐに受け止め、必ず感想文を寄せてくれた。

③これらの作品をCDに収めることができないだろうかと、いつの頃からか私は考えるようになっていた。一人で学校を回っても聴いてくれる人の数は知れている。被爆者の心の底からの思いを多くの人々に伝えたい……。広島・長崎の原爆詩、短歌、俳句を集めた作品集を何度も読み返し、私は構想を練った。

多くの作品の中から何か月もかかって、十二編の詩を選んでみた。優れた作品は数多くあるのだが、あまりにつらく悲惨なものは、あえて入れなかった。戦争を知らない若者たちにも繰り返し聴いてもらえるようにと、静かに、祈るように詩を読んだ。とても重い詩の

(1) ――線①「原爆詩を読んだのである」とありますが、そのきっかけとなったのは、筆者が原爆とどのような関わりのある人物を演じたことからですか。 10点

(2) ――線②「学校の講堂に足を運んだ」とありますが、筆者の行動はどのように受け止められましたか。主語を明確にして答えなさい。 15点

(3) ――線③「これらの作品を……考えるようになっていた」とありますが、筆者はなぜそのように考えたのですか。簡潔に答えなさい。 15点

よく出る (4) ――線④「そういう思い」について、次の問いに答えなさい。

① 「そういう思い」とは、どういう思いですか。さし示している部分を探し、初めと終わりの五字を抜き出しなさい。(句読点を含む。) 10点

② ①の思いから、筆者が朗読するときに心がけたのはどんなことですか。文章中の言葉を用いて答えなさい。 15点

考える (5) 原爆詩をCDに収めるにあたり、構成のうえでどんな変更がありましたか。そのように変わった理由も含めて答えなさい。 15点

ため、私が百パーセント表現してしまったら、聴く人は逆につらくなってしまう。耐えきれずに二度と聴いてもらえないかもしれない。④そういう思いから、私は感情に走らずに言葉の意味を正確に伝えることを大切にしたつもりである。音楽も村治佳織（むらじかおり）さんの演奏するクラシックギターを中心に選んだ。原爆の詩を優しく包みこんで、未来への希望をどこかに感じさせたかったからだった。

構成している間に、広島と長崎では被爆状況が大きく違い、作品の雰囲気も異なることに気がついた。そのために一枚のCDに両方の詩を入れることができなくなって、まず広島編を制作したのである。

多くのリスナーから感想が寄せられ、私は自分の願いが実現した喜びを、静かにかみしめていた。

吉永 小百合「語り継ぐもの」より

2 ――線のカタカナを漢字で書きなさい。 各5点

① 長くタイザイする。
② ドラマをサツエイする。
③ ザンコクな仕打ち。
④ ブタイの演出をする。

1						2	
(1)	(2)	(3)	(4)		(5)	①	③
			①	②			
			〜			②	④

ぴたトレ 3 確認テスト

言葉の力

池田晶子（いけだ あきこ）

時間20分 ／100点 合格75点

解答 p.23

1 思考・判断・表現　教科書の文章を読んで、問いに答えなさい。

● 教科書304ページ上1行「人間は言葉を……
● 教科書305ページ下9行……力なのだ。」

(1) 304ページ上7行「あたりまえの不思議」とありますが、それに対する考えの違いによって、人はどんな人生を送ると筆者は考えていますか。文章中から二つ探し、それぞれ初めの七字を抜き出しなさい。 完答5点

(2) 304ページ上12行「人間は、いつ、どこで言葉を覚えたのかを考えてみよう」とありますが、筆者はその問いに対してどのような答えを出していますか。次から一つ選び、記号で答えなさい。 10点

ア 祖先が子孫に教えてきた。
イ 言葉を作った者が子孫に教えてきた。
ウ いつ、どこで言葉を覚えたかは不明である。

(3) 304ページ下6行「何かの物を見て、叫び声をあげ、その叫びが一つの音になり、その物の名になったのだろうか」とありますが、筆者が「この想像」について考えたことを、次から一つ選び、記号で答えなさい。 10点

ア 言葉は物の名を表すだけのものではないので、言葉が生まれたときの想像としては不完全である。
イ 叫びと物の名が結びつくかわからないので、言葉が生まれたときの想像としては無理がある。
ウ 自分以外の人に通じないので、言葉が生まれたときの想像としては正しくない。

よく出る

(4) 304ページ下12行「祖先たちが大勢で集まって、この物はこの名で呼ぼうと決めたのだろうか」とありますが、「この想像」について筆者はどう考えていますか。そのように考える理由も明らかにして答えなさい。 15点

(5) 305ページ上11行「これらは、聖書の言葉だ」について、次の問いに答えなさい。

① 「聖書の言葉」を文章中から二つ探し、それぞれ初めの五字を抜き出しなさい。(記号は含まない。) 完答5点

② ①の「聖書の言葉」はどんなことを表しているのですか。簡潔に答えなさい。 10点

(6) 305ページ上16行『神』とは、どんなものだと筆者は考えていますか。文章中から十字で抜き出しなさい。 5点

(7) 305ページ上19行「現代の科学は、そんなふうにいうことが多い」とありますが、「現代の科学」はどんなことをいっているのですか。次から一つ選び、記号で答えなさい。 10点

ア 信心深い人間は、神の存在については科学を使って確かめようとはしないということ。

イ 地球上に生まれたばかりの人間は、地球についてよく理解できてはいないということ。

ウ 知能の高い人間は、すべてのことについて解明することが可能だということ。

考える

(8) 305ページ下8行「言葉の力とは、まさしく、創造する力なのだ」とありますが、このようにいえるのはなぜですか。文章中の言葉を用いて答えなさい。 10点

2 ——線のカタカナを漢字で書きなさい。 各5点

① 多くのナゾを残す。

② 心情をタンテキに表す。

③ 考えがイッチする。

④ マホウをかける。

2		1								
③	①	(8)	(7)	(6)	(5)		(4)	(2)	(1)	
					②	①				
④	②					・		(3)		

ぴたトレ3 確認テスト

言葉でつかんだ世界一

国枝（くにえだ）慎吾（しんご）

時間10分 ／50点 合格30点

解答 p.24

1 思考・判断・表現　教科書の文章を読んで、問いに答えなさい。

教科書308ページ〜309ページ「僕のラケットには……信じている。」

よく出る (1) 308ページ上9行「『俺は最強だ』……叫んでいた」とありますが、筆者はなぜこのようにしたのですか。次から一つ選び、記号で答えなさい。 5点

ア　クイン氏から、一位になるのは最強の人物であると教えられたから。

イ　クイン氏が、筆者はいつか必ず一位になるということを請け負ってくれたから。

ウ　クイン氏から、一位になるためには「なるんだ」と思うことが大切だと教えられたから。

(2) 308ページ下9行「このフェデラー選手の言葉」には、どんな考えが表れていますか。文章中から抜き出しなさい。 10点

(3) 309ページ上7行「パラリンピックで連覇（れんぱ）を果たす」とありますが、筆者は、優勝できたのはなぜだと考えていますか。文章中の言葉を用いて答えなさい。 10点

(4) 309ページ上13行「世界一を実現した力」とはなんですか。文章中の言葉を用いて答えなさい。 5点

2 ――線のカタカナを漢字で書きなさい。 各5点

① 記録をコウシンする。　② 誕生日に花をオクる。

③ カキネを越える。　④ 遠くヘダたった場所。

1				2	
(1)	(2)	(3)	(4)	①	③
				②	④

今取り組めば
テストに役立つ!

\\ 定期テスト //

予想問題

チェック!

●テスト本番を意識して，時間を計ってチャレンジしよう!

●間違えたところは「ぴたトレ1~3」を確認しよう!

定期テスト予想問題 1

なぜ物語が必要なのか

文章を読んで、問いに答えなさい。

時間15分

／100点

合格75点

解答 p.25

①樹木の声を聴いた洋二郎さん、空想の友人と会話したアンネ。二人とも自分だけの物語を作った、という意味で共通しているように思えます。論理的ではない、理性では説明できない世界が、彼らの安全地帯になっています。更に不思議なのは、最初は彼らだけの物語だったものが、時を経て、無関係なはずの私にも深い感動をもたらしている、ということです。物語には時空を超え、人の心をつなぐ役割があるのでしょう。だからこそ、個人の物語は文学へと生まれ変われるのです。

②物語は作家だけが書いているのではありません。本当に大切な真実は、混沌とした内面の暗闇に沈んでいます。その目に見えない何かに光を当てる一つの方法が、物語に身を置くことなのだと思います。底知れない自由と許しを持つ物語という器を持ってさえいれば、人間は魂を解放することができます。他者の物語にふれれば、どんなに立場が異なっていても、その人の心に深く寄り添えます。

人間は誰しも、自分の物語を作りながら生きています。そうでなければ、生きてゆけないのです。

小川 洋子「なぜ物語が必要なのか」より

(1) ——線①「樹木の声を……アンネ」について、次の問いに答えなさい。

① 両者の共通点を文章中から十一字で抜き出しなさい。 15点

② 両者について、筆者が不思議に思ったのはどんなことですか。文章中の言葉を用いて答えなさい。 25点

③ 両者の物語から、筆者は物語にはどんな役割があると考えたのですか。文章中から抜き出しなさい。 15点

(2) ——線②「物語は……ありません」について、次の問いに答えなさい。

① 同じ意味を表す一文を文章中から探し、初めの五字を抜き出しなさい。 15点

② 筆者は、物語をどんなものだと考えていますか。「人間」という言葉を用いて答えなさい。 30点

(1)			(2)	
①	②	③	①	②

定期テスト
予想問題
2

私

文章を読んで、問いに答えなさい。

時間15分
／100点
合格75点

解答 p.25

「ああ、貸出データが二重になっているんですね。それでは、そのデータを正して、貸出ができるようにしてもらえますか。」

無感動な表情が私に向けられる。

「いいえ、二重になっているのは、データではなく、あなた自身です。」

「どういうことですか？」

「貸出データによると、あなたは一週間前に三冊借りて、一昨日も三冊借りられています。一昨日に借りられた記憶がないということでしたら、①あなた自身が二重になって借りられたものと思われます。」

よくあることだとばかりに、彼女の説明はよどみなかった。

「なるほど……。」

私はようやく合点(がてん)がいった。入力ミスで個人情報データが二重になることがあるのだ。逆に、②「私」の存在そのものが二重になることもあるだろう。もう一人の「私」が、一昨日図書館で三冊の本を借りたにちがいない。

「一昨日、本を借りられたのも、今日借りられるのも、同じあなたですから、十冊という制限を超えて貸し出すことはできませんよ。」

まるで私が無理な要求をしているとでもいうように、彼女はすげなかった。立場こそ違え、彼女も「市民サービス」の向上を目ざすべき立場のはずだ。③「模範とされる市民対応」からはほど遠いと言わざるをえない。

三崎　亜記「私」〈短篇ベストコレクション―現代の小説2012〉より

(1) ――線①「あなた自身が……思われます」とありますが、「彼女」がそのように考える理由を簡潔に答えなさい。 25点

(2) ――線②「『私』の存在そのものが……あるだろう」とありますが、「私」がそのように考えたのはなぜですか。文章中の言葉を用いて答えなさい。 25点

(3) ――線③「『模範とされる市民対応』からはほど遠い」について、次の問いに答えなさい。

① 何が「『模範とされる市民対応』からはほど遠い」というのですか。「データ」という言葉を用いて答えなさい。 25点

② 「私」は、①がどんな対応であれば「『模範とされる市民対応』」であると思ったと考えられますか。 25点

(1)	(2)	(3) ①	(3) ②

定期テスト予想問題 3

メディア・リテラシーはなぜ必要か？

文章を読んで、問いに答えなさい。

時間15分

／100点

合格75点

解答 p.25

第二次世界大戦では、ファシズム国家であるドイツとイタリアと日本は敗れた。その後の裁判で、多くの戦争犯罪が裁かれた。本来なら映画とラジオは、戦争に対して大きな責任があると裁かれねばならなかった。でも映画とラジオは被告席に座れない。だから責任を追及されなかった。それどころか戦後、映画とラジオは融合して、テレビジョンが誕生する。

技術は進化した。僕たちは今、地球の裏側で起きていることをテレビでライブとして見ることができる。さらに、国境や地域を簡単に飛び越えてしまうインターネットが、メディアにおける新たな要素になった。情報を受信するだけではなく、発信できるようになったことは画期的だ。こうしてメディアは新たな時代を迎える。まさしく今は情報の時代だ。

だからこそ知ってほしい。メディアは便利だけどとても危険でもある。多くの人が情報によって苦しみ、命を奪われてきた。でも、これは過去形ではない。今も続いている。正しい使い方を知らねばならない。誰のためか。あなたのため。みんなのため。メディア・リテラシーを身につけよう。そしてもしこれに失敗すれば、たぶん人類はメディアによって滅びるはずだ。

森 達也「メディア・リテラシーはなぜ必要か？」より

(1) ——線①「第二次世界大戦」における「映画とラジオ」について、「責任」という言葉を用いて説明しなさい。 25点

(2) 「テレビ」の特徴と「インターネット」の特徴をそれぞれ説明しなさい。 各25点

(3) ——線②「まさしく今は情報の時代だ」とありますが、「情報の時代」において、どうすることが必要だと筆者は考えていますか。そのように考える理由も明らかにして説明しなさい。 25点

(1)	(2) テレビ	(2) インターネット	(3)

定期テスト予想問題 4

AI（エーアイ）は哲学（てつがく）できるか

文章を読んで、問いに答えなさい。

時間15分 ／100点 合格75点

解答 p.26

しかしながら、もし仮に、人間からの入力がないのに人工知能が自分自身にとって切実な哲学の問いを内発的に発し、それについてひたすら考え始めたとしたら、①そのとき私は「人工知能は哲学をしている」と判断するだろうし、人工知能は正しい意味で「人間」の次元に到達したのだと判断したくなるだろう。

哲学的には、自由意志に基づいた自律的活動と、普遍（ふへん）的な法則や真理を発見できる思考能力が、人間という類の証しであると長らく考えられてきた。しかし②それらは将来の人工知能によっていずれ陥落させられるであろう。

人工知能が人間の次元に到達するためには、それに加えて、内発的哲学能力が必要だと私は考えたい。人工知能の進化によって、そのような「知性」観の見直しが迫られている。もちろん、彼らが発する内発的な哲学の問いはあまりにも奇妙で、我々の心に全く響かないかもしれない。③この点をめぐって人間と人工知能の対話が始まるとすれば、それこそが哲学に新次元を開くことになると思われる。

森岡 正博「AIは哲学できるか」より

(1) ――線①「そのとき」の指示内容を答えなさい。 25点

(2) ――線②「それらは……陥落させられるであろう」について、次の問いに答えなさい。

① どういうことですか。「それら」の指示内容を明らかにして答えなさい。 30点

② 「それら」が「陥落させられる」ために、必要だと筆者が考えているのは何か。文章中から抜き出しなさい。 20点

(3) ――線③「この点をめぐって人間と人工知能の対話が始まる」とありますが、どういうことですか。 25点

(1)	(2) ①	(2) ②	(3)

定期テスト
予想問題
5

async(アシンク)――同期しないこと

文章を読んで、問いに答えなさい。

時間15分
／100点
合格75点
解答 p.27

①でも僕は、あえてその同期しない音楽というのをつくってみようと思った。同期していない音楽、いわば誰もしゃべっていない言葉をしゃべること。人工的な音に枯れ葉を踏みしめる音や、動物の鳴き声などを重ね合わせた曲。②一つ一つの同期しない音を共存させるのである。合わせない音楽、同期しない一つ一つの音から、楽器の音と自然の音が一体となった新しい音楽を生み出す。

一つのテンポに皆が合わせるのではなくて、それぞれの音やパートが固有のテンポをもつ音楽をつくる。バラバラにテンポを刻む多様な音を使って、あるいは人工的調律から解放されたピアノを使って、楽曲という一定のまとまりのあるものをつくること。これは、僕たち人間社会でも同じではないだろうか。不寛容(かんよう)な時代には、非同期、つまり同期しない音を聴(き)くことが大切なのではないか。

坂本 龍一「async――同期しないこと」より

(1) ――線①「でも僕は、……つくってみようと思った」について、次の問いに答えなさい。

① 「同期しない音楽」とはどんなものかを、「テンポ」という言葉を用いて、簡潔に答えなさい。 30点

② 「同期しない音楽」を「つくる」ことを、比喩を用いて表している言葉を、文章中から抜き出しなさい。 25点

③ ――線①のように思ったのはなぜですか。文章中の言葉を用いて答えなさい。 30点

(2) ――線②「一つ一つの同期しない音を共存させるのである」とありますが、共存させた例を文章中から一文で探し、初めの五字を抜き出しなさい。 15点

(1) ①	(1) ②	(1) ③	(2)

定期テスト
予想問題
6

問いかける言葉

文章を読んで、問いに答えなさい。

時間15分

／100点

合格75点

解答 p.27

私は、海外と日本を行き来しながら四つの小学校と二つの中学校に通いました。①海外の学校では、「あなたはどう思う？」と、自分の考えを問われることがあたりまえでした。それは、多くの外国人のクラスメイトに囲まれた、一人だけの日本人である私を、きちんと認めてくれているということでした。しかし同時に、その質問は、自分の考えをもっていないと、そこにいない人、存在しない人と見られることにつながるようにも思えました。自分の考えをもち、それを人にわかるように伝えることはとても大事なことです。私は、その問いに必死になって答えようとしました。また、私自身も、何かがおかしいと感じたり、不思議に思えたりしたら、私以外の人はどう考えているのかと、積極的に疑問や問いを投げかけていくことにしたのです。

そこから、②異なる考え方が飛び交う対話が始まりました。人の考え方、ものの見方は多様であり、皆は同じようには考えていないのだという気づき、その異なる考え方をお互いに尊重しなければならないという認識につながっていきました。人から問われること、人に問いかけることで、自分の存在を意識し、自分というものが次第(しだい)に形づくられていったように思えます。

国谷　裕子「問いかける言葉」より

(1) ――線①「海外の学校では、……あたりまえでした」について、次の問いに答えなさい。

① 筆者は、このことはどんなことを意味していると考えましたか。それがわかる一文を文章中から探し、初めの五字を抜き出しなさい。 15点

② 筆者は、――線①のような状況では何が必要とされると思いましたか。文章中から五字で抜き出しなさい。 25点

③ 筆者は、――線①であることから、どのような行動をとりましたか。簡潔に答えなさい。 30点

(2) ――線②「異なる考え方が飛び交う対話」によって、筆者はどんなことを学びましたか。文章中の言葉を用いて答えなさい。 30点

(1)			(2)
①	②	③	

定期テスト予想問題 7

旅への思い——芭蕉と『おくのほそ道』——

古文を読んで、問いに答えなさい。

時間15分

／100点
合格75点

解答 p.28

①月日は百代の過客にして、行きかふ年もまた旅人なり。②舟の上に生涯を浮かべ、馬の口とらへて老いを迎ふる者は、日々旅にして旅を栖とす。古人も多く旅に死せるあり。

予もいづれの年よりか、片雲の風に誘はれて、漂泊の③思ひやまず、海浜にさすらへて、去年の秋、江上の破屋にくもの古巣を払ひて、やや年も暮れ、春立てる霞の空に、白河の関越えむと、そぞろ神の物につきて心をくるはせ、道祖神の招きにあひて、取るもの手につかず。

ももひきの破れをつづり、笠の緒付けかへて、三里に灸すゆるより、松島の月まづ心にかかりて、住める方は人に譲りて、杉風が別墅に移るに、

④草の戸も住み替はる代ぞ雛の家

表八句を庵の柱にかけおく。

「旅への思い——芭蕉と『おくのほそ道』——」より

(1) ——線①「月日は百代の……旅人なり」は、中国の詩人の文章にもとづいたものです。誰の文章ですか。次から一つ選び、記号で答えなさい。 25点

ア 西行 **イ** 宗祇 **ウ** 李白 **エ** 杉風

(2) ——線②「舟の上に生涯を……老いを迎ふる者」とは、どのような人たちですか。次から二つ選び、記号で答えなさい。 各15点

ア 馬子 **イ** 俳人 **ウ** 農民
エ 船頭 **オ** 医者

(3) ——線③「思ひ」を現代仮名遣いに直しなさい。 5点

(4) ——線④「草の戸も…」の俳句の意味として適切なものを次から一つ選び、記号で答えなさい。 40点

ア 草深い家だなあ。人形を飾って、人がくつろげる家にしよう。

イ 戸にまで草が生い茂ってしまうような古い家から引っ越そう。子どもが住めるような明るい家に。

ウ 粗末な家にも、人が住み替わるときが来たようだ。次に住む家族には娘がいて、雛人形も飾られるのだなあ。

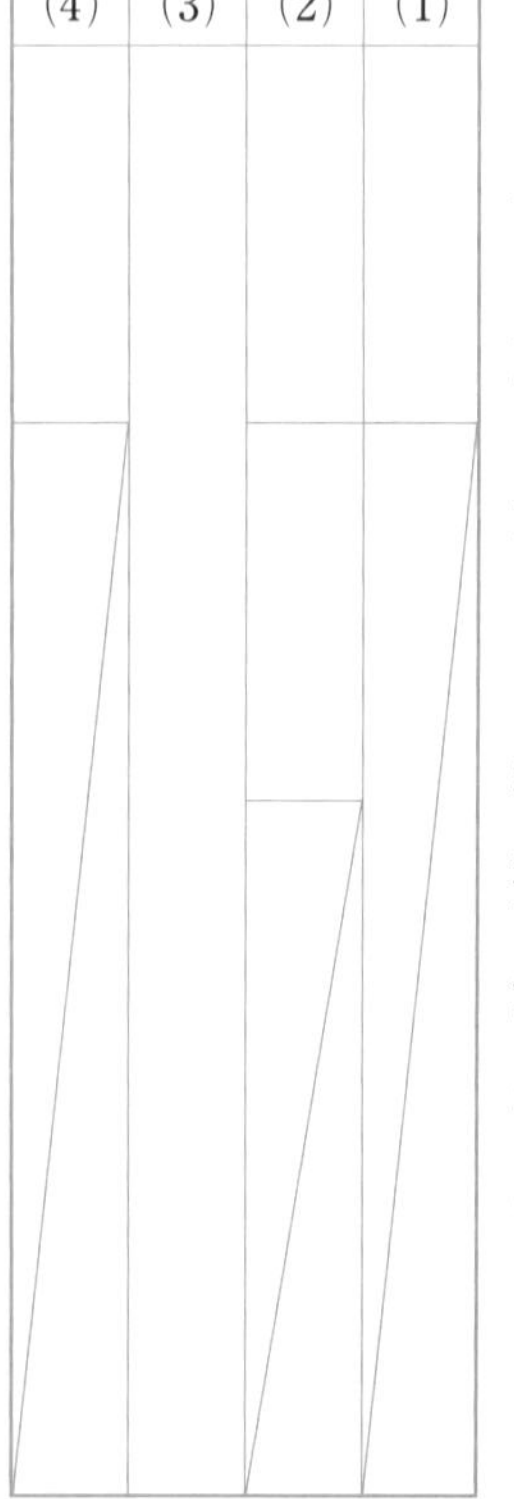

定期テスト予想問題 8

和歌の調べ——万葉集・古今和歌集・新古今和歌集——

文章を読んで、問いに答えなさい。

時間15分　／100点　合格75点

解答 p.28

春の夜の　夢の浮橋　とだえして　峰にわかるる　横雲の空
藤原 定家

右の歌は『古今和歌集』の恋の歌「風吹けば峰にわかるる白雲の絶えてつれなき君が心か」（壬生 忠岑）を踏まえ、夢から覚めた人物の目の前に広がる風景を、その人になったつもりで美しく描いています。「夢の浮橋」の語は、『源氏物語』の巻の名前でもあり、読む者を『源氏物語』の世界へいざないもします。

心なき　身にもあはれは　知られけり
鴫立つ沢の　秋の夕暮れ
西行法師

玉の緒よ　絶えなば絶えね　ながらへば
忍ぶることの　弱りもぞする
式子内親王

「和歌の調べ——万葉集・古今和歌集・新古今和歌集——」より

(1) 「春の夜の…」の和歌について、次の問いに答えなさい。

① 「夢の浮橋」の語は、何からとったものですか。文章中から抜き出しなさい。 15点

② この和歌の内容を文章中から二十字以内で探し、初めと終わりの五字を抜き出しなさい。 20点

(2) 「心なき…」の和歌は、何句切れですか。 20点

(3) 「玉の緒よ…」の和歌について、次の問いに答えなさい。

① 「絶えなば絶えね」の部分で作者が言いたいことを次から一つ選び、記号で答えなさい。 20点

ア 絶えないでほしい。　イ きっと絶えるだろう。
ウ 別に絶えてもよい。　エ いっそ絶えてしまえ。

② この和歌の主題として適切なものを次から一つ選び、記号で答えなさい。 25点

ア 生命の尊さ。　イ 心に秘めた恋。
ウ 自然の美しさ。　エ 親への感謝。

(1)		(2)	(3)	
①	②		①	②
	〜			

定期テスト
予想問題
9

風景と心情――漢詩を味わう――

漢詩を読んで、問いに答えなさい。

時間15分
／100点
合格75点

解答 p.29

春望（しゅんぼう）　杜甫（とほ）

国破れて　山河（さんが）在り
城春にして　草木深し
時に感じては　①花にも涙を濺（そそ）ぎ
②別れを恨んでは　鳥にも心を驚かす
烽火（ほうくわ）　三月（さんげつ）に連なり
家書　万金（ばんきん）に抵（あ）たる
白頭　搔（か）けば更に短く
［　　　　　　　］

国破レテ山河在リ
城春ニシテ草木深シ
感ジテハレ時ニ花ニモ濺ギレ涙ヲ
恨ンデハレ別レヲ鳥ニモ驚カスレ心ヲ
烽火連ナリ二三月ニ一
家書抵タル二万金ニ一
白頭搔ケバ更ニ短ク
渾ベテ欲スレ不ざラントレ勝ヘレ簪ニ

「風景と心情――漢詩を味わう――」より

(1) ――線①「花」と対になっている漢字はどれですか。第四句の中から抜き出しなさい。 20点

(2) ――線②「別れを恨んでは」とありますが、何との別れですか。次から一つ選び、記号で答えなさい。 25点

ア 故郷　**イ** 城　**ウ** 家族　**エ** 山河

(3) 第八句を書き下し文に直しなさい。 25点

(4) 「春望」に描かれている作者の心情として、適切でないものを次から一つ選び、記号で答えなさい。 30点

ア 春の景色を眺めながら、うち続く戦乱に心を痛める気持ち。
イ 家族との離別を恨めしく思う気持ち。
ウ すっかり年を取って、わが身の衰えを嘆く気持ち。
エ 待ちわびた春も終わり、次の夏に期待する気持ち。

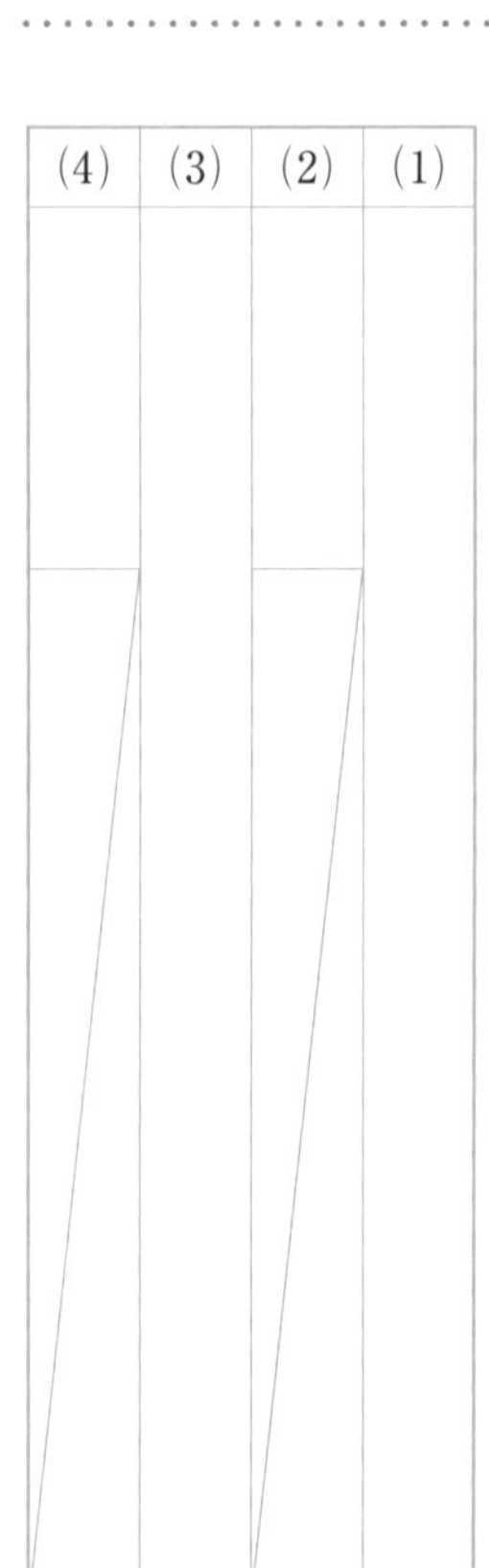

(1)	(2)	(3)	(4)

定期テスト
予想問題
10

最後の一句

文章を読んで、問いに答えなさい。

時間15分
／100点
合格75点

解答 p.29

　この時佐佐が書院の敷居際まで進み出て、「いち。」と呼んだ。

「はい。」

「おまえの申し立てにはうそはあるまいな。もし少しでも申したことにまちがいがあって、人に教えられたり、相談をしたりしたのなら、今すぐに申せ。隠して申さぬと、そこに並べてある道具で、誠のことを申すまで責めさせるぞ。」①佐佐は責め道具のある方角を指さした。

　いちはさされた方角をひと目見て、少しもたゆたわずに、「いえ、申したことにまちがいはございません。」と言い放った。その目は冷ややかで、その言葉は静かであった。

「そんなら今一つおまえに聞くが、身代わりをお聞き届けになると、おまえたちはすぐに殺されるぞよ。父の顔を見ることはできぬが、それでもいいか。」

「よろしゅうございます。」と、同じような、冷ややかな調子で答えたが、少し間をおいて、何か心に浮かんだらしく、「②お上のことにはまちがいはございますまいから。」と言い足した。

　佐佐の顔には、不意打ちにあったような、驚愕の色が見えたが、それはすぐに消えて、険しくなった目が、いちの面に注がれた。憎悪を帯びた驚異の目とでも言おうか。しかし佐佐は何も言わなかった。

　次いで佐佐は何やら取り調べ役にささやいたが、まもなく取り調べ役が町年寄に、「ご用が済んだから、引き取れ。」と言い渡した。

森 鷗外「最後の一句」〈鷗外歴史文学集 第3巻〉より

(1) ——線①「佐佐は……指さした」について、次の問いに答えなさい。

① 佐佐はどんな考えからこのようにしたのですか。簡潔に答えなさい。 25点

② これに対して、いちはどんな反応をしましたか。簡潔に答えなさい。 25点

(2) ——線②「お上のことにはまちがいはございますまいから」について、次の問いに答えなさい。

① どういうことですか。「身代わり」という言葉を用いて答えなさい。 35点

② この言葉を聞いた佐佐の心情が表れた表現を、文章中から十字で抜き出しなさい。 15点

(1)		(2)	
①	②	①	②

定期テスト予想問題 11

俳句十五句

俳句を読んで、問いに答えなさい。

時間15分
／100点
合格75点
解答 p.30

A　夏草やベースボールの人遠し　　正岡子規
B　木の葉ふりやまずいそぐないそぐなよ　　加藤楸邨
C　万緑の中や吾子の歯生え初むる　　中村草田男
D　一日物云はず蝶の影さす　　尾崎放哉
E　戦争が廊下の奥に立つてゐた　　渡辺白泉

「俳句十五句」より

(1) Aの俳句について、次の問いに答えなさい。
① 季語と季節を答えなさい。　完答10点
② 切れ字を抜き出しなさい。　5点

(2) Cの俳句について、次の問いに答えなさい。
① 季語と季節を答えなさい。　完答10点
② この俳句では、二つのものが視覚的に対比されています。何のどんな色と何のどんな色ですか。　15点

(3) 次の説明にあてはまる俳句をA～Eから一つずつ選び、記号で答えなさい。　各15点
① 気づかぬうちにすぐそばに迫っていた恐怖を、擬人法を用いて表現している。
② 言葉の繰り返しから、季節の移り変わりの中で作者が焦燥感を覚えていることが伝わってくる。
③ 生命力を感じさせる季節や物事が詠まれているが、作者はそれを距離を置いて眺めている。
④ 沈黙の中にふと現れた動きのある生き物の存在を、自由律俳句で表現している。

(1)		(2)		(3)
①	②	①	②	①
季語		季語		
季節		季節		②
				③
				④

定期テスト 予想問題 12

故郷

文章を読んで、問いに答えなさい。

時間15分 ／100点 合格75点

解答 p.30

希望という考えが浮かんだので、私はどきっとした。たしか閏土（ルントー）が香炉と燭台（しょくだい）を所望（しょもう）した時、私はあい変わらずの偶像崇拝（すうはい）だな、いつになったら忘れるつもりかと、心ひそかに彼のことを笑ったものだが、今私のいう希望も、①やはり手製の偶像にすぎぬのではないか。②ただ彼の望むものはすぐ手に入り、私の望むものは手に入りにくいだけだ。

まどろみかけた私の目に、海辺の広い緑の砂地が浮かんでくる。その上の紺碧（こんぺき）の空には、③金色の丸い月がかかっている。思うに希望とは、もともとあるものとも言えぬし、ないものとも言えない。それは地上の道のようなものである。もともと地上には道はない。④歩く人が多くなれば、それが道になるのだ。

魯迅／竹内好訳「故郷」〈魯迅文集 第一巻〉より

(1) ――線①「やはり手製の偶像にすぎぬのではないか」とありますが、これはどういう意味ですか。次から一つ選び、記号で答えなさい。 25点

ア かなうはずのない願いを追っているだけではないか。
イ 自分や家族だけが幸福ならいいと思っているのではないか。
ウ 一見価値がありそうだが、実は無意味なものなのではないか。
エ 見ためどおりにすばらしい価値のあるものなのではないか。

(2) ――線②「彼の望むもの」とありますが、それはなんですか。文章中から五字で抜き出しなさい。 20点

(3) ――線③「金色の丸い月」は、何を象徴していますか。文章中から二字で抜き出しなさい。 20点

(4) ――線④「歩く人が……道になるのだ」とありますが、どういうことのたとえですか。 35点

(4)	(3)	(2)	(1)

定期テスト
予想問題
13

生命とは何か

文章を読んで、問いに答えなさい。

時間15分

／100点

合格75点

解答 p.31

私たち生物学者は、生命をさまざまな物質が寄り集まってできた非常に精密な機械であるとみなして研究を進めてきた。しかしそれは、時間を止めて、生命現象を観察したとき、そのように見えるにすぎない。

研究を続けてわかってきたことだが、生命は、実は、時間の流れとともに、絶え間ない消長、交換、変化を繰り返しつつ、それでいて一定の平衡が保たれているものとしてある。生命は、恒常的に見えて、いずれも一回性の現象である。そして、それゆえにこそ価値がある。私は、そのような生命を動的平衡にあるものと呼びたい。

マウスのように、生命のもつ動的な仕組みは、やわらかく滑らかであるので、操作的な介入を吸収しつつ、新たな平衡を生み出そうとする。しかしながら、操作的な介入によって平衡状態が失われてしまえば、生命は大きな痛手を受けることになる。ちょうどトカゲの卵にうがった小窓のように。

そのいっぽうで、動的平衡は、不要な介入さえしなければ、ほかになんの手助けも全く必要とせず、自律的にその運動をつかさどることができる。全てのプロセスは、時間の流れとともに人知れず進み、開き、やがて閉じる。

生命は、順を追ってひとたび作られると、再び逆戻りすることのできない、のり付けされた折り紙細工に似ている。戻せないのは、そこに時間が折りたたまれているからである。誰も時計の針を一瞬も止めることはできない。

福岡 伸一「生命とは何か」より

(1) 生物学者は、研究を進めるうえで、生命をどんなものだとみなしていたのですか。 25点

(2) ——線「私は、……呼びたい」について、次の問いに答えなさい。

① 「そのような生命」とはどんなものですか。 30点

② 「動的平衡にあるもの」である「生命」を、比喩を用いて表現した言葉を、文章中から五字で抜き出しなさい。 20点

(3) 「生命」が「大きな痛手を受ける」のは、どんなときですか。 25点

(1)	(2) ①	(2) ②	(3)

定期テスト予想問題 14

バースデイ・ガール

文章を読んで、問いに答えなさい。

時間15分 ／100点 合格75点 解答 p.31

「一つ質問してもかまわないかな？」と僕は言う。「正確に言えば、①質問は二つになるけど。」

「どうぞ。」と彼女は言う。「でも想像するに、あなたは私がその時にどんな願いごとをしたのか、まずそれが知りたいんじゃない？」

「でも②君はそのことをあまり話したくないみたいに見える。」

「そう見える？」

僕はうなずく。

彼女はコースターを下に置き、遠くにあるものを見つめるように目を細める。「願いごとというのは、誰かに言っちゃいけないことなのよ、きっと。」

「別に無理に聞き出すつもりはない③よ。」と僕は言う。「僕が知りたいのは、まずその願いごとが実際にかなったのかどうかということ。そしてそれがなんであれ、君がそのときに願いごととしてそれを選んだことを、あとになって後悔しなかったかってことだよ。つまり、もっと他のことを願っていればよかったとか、そんなふうには思わなかった？」

「④最初の質問に対する答えはイエスであり、ノオね。まだ人生は先が長そうだし、私はものごとのなりゆきを最後まで見届けたわけじゃないから。」

村上 春樹「バースデイ・ガール」〈バースデイ・ストーリーズ〉より

(1) ——線①「質問は二つ」とありますが、どんな質問ですか。二つ答えなさい。 各15点

(2) ——線②「君は……話したくないみたいに見える」とありますが、「彼女」はなぜ願いごとの内容を話したくないのですか。文章中の言葉を用いて答えなさい。 30点

(3) ——線③「ない」の品詞を次から一つ選び、記号で答えなさい。 15点

ア 形容詞　イ 助動詞　ウ 補助形容詞

(4) ——線④「最初の……ノオね」とありますが、どういう意味ですか。次から一つ選び、記号で答えなさい。 25点

ア かなうまでには時間がかかるので、まだかなっていない。

イ 微妙な願いなので、かなったかどうか自分ではわからない。

ウ 時間のかかる願いごとであり、まだ判断ができない。

エ 秘密の願いごとなので、簡単に答えるわけにはいかない。

(1)		(2)	(3)
			(4)

定期テスト予想問題 15

青春の歌――無名性の光

文章を読んで、問いに答えなさい。

時間15分 ／100点 合格75点

解答 p.32

①時計の針が進み、それぞれの人生の中で大人になった時、人は青春の無名性の輝きを当時のように詠(うた)うことはできなくなる。「眩(まぶ)しい今」が「眩しかった過去」へと変わっていく。そのことを、例えば次のような歌から読み取ることができる。

椅子にもたれ椅子を回せる数秒のあらば　思えよあの夏のわれら　永田(ながた)紅(こう)

②かつての恋人か友人への呼びかけだろう。連作の中で前後に置かれた「実業に就きたる君の日常に鳥は飛んではこないのだろう」「そしてそのままに椅子より立ちあがり午後の会議へ出(い)でてゆくべし」から③状況がわかる。青春を共に過ごした君は今、ネクタイを締めた会社員になっている。そこで忙しく会議に出る日々を送っているのだろう。二人の道はこんなにも分かれてしまった。だからこそ、立ち上がって会議に向かう前のほんの「数秒」でいいから「あの夏のわれら」を思い出してほしい、と〈私〉は願っているのだ。④若かった自分たちがあまりにも遠く眩しい。

穂村 弘「青春の歌――無名性の光」より

(1) ――線①「時計の針が……できなくなる」とありますが、それはなぜですか。文章中の言葉を用いて答えなさい。 25点

(2) ――線②「かつての恋人か友人への呼びかけだろう」とありますが、それはどんな「呼びかけ」ですか。その内容を説明した一文を文章中から探し、初めの五字を抜き出しなさい。 25点

(3) ――線③「状況がわかる」とありますが、どんな「状況」なのですか。簡潔に答えなさい。 30点

(4) ――線④「若かった自分たち」を、短歌ではなんと表現していますか。短歌の中から抜き出しなさい。 20点

(1)	(2)	(3)	(4)

教科書ぴったりトレーニング〈教育出版版・中学国語3年〉

解答集

この解答集は取り外してお使いください。

春に

p.6 ぴたトレ1

1 ①うず

2 ①イ　②ウ　③ア　④オ　⑤エ

p.7 ぴたトレ2

1 (1)エ

(2)ウ

(3)a気もち　bいらだち

立ってくる春

p.8 ぴたトレ1

1 ①ぬ　②こよみ　③おに　④ようかい

2 ①カ　②イ　③ア　④オ　⑤エ　⑥ウ

3 ①ひろみ（ひろみちゃん・弘美）　②祖母

4 ①家（祖母の部屋）　②学校へのみちみち

p.9 ぴたトレ2

1 (1)立秋

(2)①ア

②春はもっと～ているから

なぜ物語が必要なのか

p.10 ぴたトレ1

1 ①かくとく　②たましい　③ぎせい　④あ

2 ①オ　②イ　③エ　④キ　⑤ウ　⑥ア　⑦カ

3 ①物語　②言葉

4 ①犠牲（サクリファイス）　わが息子・脳死の11日

②アンネの日記

p.11 ぴたトレ2

1 (1)aユダヤ人狩り　b隠れ家

(2)イ

(3)単に毎日の

p.12～13 ぴたトレ3

1 (1)①キティー

②例母親への不満、支援者への感謝、ペーターへの恋心、死の恐怖、将来の夢についての会話。

(2)例アンネが、窮屈な生活を送りながら、日記の中では心を解き放つことができていた点。

(3)ウ

(4)アンネ

(5)例アンネの日記を読むと、たとえ肉体は狭い場所に閉じ込められていようとも、心はどこまでも豊かに深まってゆくことがわかるということ。

2 ①獲得　②魂　③宛　④犠牲

考え方

1 (1)①直後の文に、「まるでキティーからの返事を受け取ったかのような気持ちで」とあることから、「キティー」が現実には「存在しない人物」であることがわかる。

②「母親への不満、……将来の夢」という内容を、その直後の一文で「胸にわき上がってくる全て」とまとめている。答えには、具体的な内容を書くようにする。

(2)直前に「日記を読んだ時、……私は衝撃を受けました」とあることに注目する。その前の段落では、アンネが「窮屈な生活の中、……自由を味わうことができ」たという内容が書かれている。

(3)「それ」とは、直前にある「大学ノートを買ってき」たことをさしているが、それを使って行った内容は、傍線部の直後から説明されている。

(4)同じ段落内に、「アンネに向かって悩み(なや)を打ち明けるように」とある。

(5)「その事実」は、直前の一文をさしている。「心はどこまでも豊かに深まってゆく」というのは、その前にある、「ただ反抗心をむき出しにするばかりでなく、……模索するようになっていました」というアンネの「成長」のことである。――線⑤は、筆者が、『アンネの日記』を読み、その中でアンネの心が成長していることを感じたことを述べている。「アンネの日記は、肉体がどんな状態にあっても、心はどこまでも成長することができると示していたということ。」などでも正解である。

読解テクニック

1 (2)・(5)文末で減点されないように答える！
「どうして」「なぜ」などの理由を答える問題では「～から」「～ため」、「どういうこと」かなど内容を答える問題では「～こと」などと答える。

私

p.14

ぴたトレ1

1 ①とくそくじょう　②たず　③じぎ　④とくしゅ　⑤いっち
⑥へんこう　⑦ちくせき　⑧さんぱつ　⑨きわ　⑩すいとうちょう
⑪や　⑫さず　⑬し　⑭そむ　⑮かいどう　⑯うけたまわ
⑰もっぱ　⑱なご　⑲きそ　⑳しょうにか　㉑きょうこく
㉒ゆうば　㉓ぶあい　㉔しろもの

2 ①ア　②イ

3 ②若い女性　③(女性)司書

4 ①役所　②図書館

p.15

ぴたトレ2

1 (1)ア
(2)『私』の名前
(3)消去したデ

p.16～17

ぴたトレ3

1 (1)例今までの督促状と一字一句変わらないもの。
(2)エ
(3)例自分の名前が督促状に書かれていることを確かめて、安堵し、嬉しい気持ち。
(4)例我ながら満足のいく「模範的な市民対応」だと思った。

(5) 例 私が「私」であることを証明するデータがなくなってしまったら、「私」という存在そのものも消えてしまうのではないかということ。

2 ①尋 ②特殊 ③一致 ④蓄積

考え方

1 (1)傍線部は、二行あとにあるように「新しい督促状」のことであり、「今までの督促状と一字一句変わらないもの」だとある。

(2)この時点では、「彼女」はまだ「新しい督促状」を確認していない。

(3)直後から読み取る。「安堵」と「嬉しそう」という二つの感情が書けていなければ不可。

(4)直前の自分の対応のことをさしている。「私」はその「対応」について、直後の段落で「我ながら満足のいく『模範的な市民対応』」だと評価している。

(5)直後にあるように、「私が『私』であるということ」を証明できる「全てのデータがなくなってしまったら、『私』という存在そのものも消えてしまうのではないだろうか?」ということを、「私」は考えている。「彼女」の督促状の問題を通じて、「私」は、「私が『私』であるということ」を証明することの難しさに思い当たったのである。「私が『私』であることを証明するデータ以外に、『私』という存在を証明するものはないのかもしれないということ。」などでも正解である。

読解テクニック

1 (1)・(4)・(5)文章中の言葉をヒントにする！

「文章中の言葉を用いて答えなさい」という問題では、文章中に答えのヒントとなる語句があることが多い。

薔薇のボタン

p.18

ぴたトレ1

1 ①かべ ②ばくふう ③ひさん ④ていねい ⑤なみだ ⑥かたまり ⑦しょうちょう

2 ①さ ②ぬ ③かざ ④ぬ ⑤と ⑥けいぞく ⑦おどろ ⑧はながら ⑨よご ⑩しょうげき ⑪ざんこく ⑫いんえい ⑬やみ ⑭けいさい ⑮いっしゅん ⑯しんちょう ⑰あざ ⑱おそ ⑲ふ ⑳かく

3 ①エ ②ウ ③オ ④キ ⑤ク ⑥イ ⑦ア ⑧カ

p.19

ぴたトレ2

1 (1)ブラウスの前立ての部分

(2)・生地がほぼ〜ていること
・プラスティ〜であること（順不同）

(3)収録されて

(4)a広島の女性 bデザイン

(5)これまで広

p.20〜21

ぴたトレ3

1 (1)①あの美しさ

②例女の子たちが着ていたときにはもっと美しかったであろう服を、美しく撮ることは当然であるという考え。

③彼女たちが〜あったこと

(2)例自分が遺品を歴史史料やものを書くときの資料としてしか見ていなかったことに気づいたから。

(3)ウ

(4)エ

(5)例戦時下でも自分自身のためにおしゃれがしたいという女性たちに、深く共感できるという気持ち。

(6)原爆の悲惨さの象徴
(7)例学芸員の女性が、ピンクの布の塊の皺を広げていったから。
(8)例布の塊が、戦争を知らない世代が抱く戦争のイメージに似ており、簡単に触れたり語ったりしてはいけない、共感の余地のないものだったから。

2 ①壁　②爆風　③塊　④象徴

考え方

1 (1)①「〜から」という言葉に注目して探す。
②「だってあの服たちは、……なぜいけないの。」という石内氏の言葉から読み取れる。
③あとにある「残酷な歴史を物語る陰影が……よみがえったとき」とは、石内氏の写真のことをさしている。石内氏の写真は「それらを着ていた人たちの気配が、歴史の闇の中から立ち上がってくる」ものであり、「そのとき初めて」「伝わって」くるものが、その直後で説明されている。
(2)直後から読み取れる。「はっとした」は、今まで気づかなかった何かに気づいたときの表現である。筆者は、直前にある石内氏の「だってあの服たちは、……きれいに撮ってなぜいけないの。」という言葉を聞いて、「自分が今まで……資料としてしか見ていなかったこと」に気がついたのである。
(3)直後に「当時は皆、もんぺをはいていたのではなかったか――。」とあるように、戦時下では地味な服装をするのが常識なのに、広島の女の人たちはなぜ「きれいな服」を着ていたのか、ということ。同じ段落にある「石内氏の写真展の図録に掲載されていた解説文」で、その理由が述べられている。
(4)直前の段落にある、「昭和二十年八月六日の広島」で、女の人たちが「もんぺや地味な上衣の下に、ひそかに（きれいな服を）身につけていた」こと、「戦時下でも、彼女たちは（自分自身のために）おしゃれがしたかった」ことをさしている。
(5)(4)で見たように、同じ段落の最初にある「このこと」は、直前の段落の内容をさしている。当時の女性たちが「きれいな服」を「もんぺや地味な上衣の下に、ひそかに身につけていた」という話は、「よくわかるからこそ衝撃的だった」とある。筆者は、「自分自身のために」「おしゃれがしたかった」女性たちの気持ちがよく理解でき、女子学生たちもまた、女性たちの気持ちに共感したのである。「自分自身のためにおしゃれがしたいという思いは、時代や状況にかかわらず女性に共通しているのだと理解する気持ち。」などでも正解である。
(6)「薔薇のボタンのブラウス」を表す表現としては、あとで「ピンクの布の塊」「原爆の悲惨さの象徴」「ぼろぼろの布の塊」「色あせて縮こまった布の塊」「戦争を知らない世代が抱く戦争のイメージ」などといくつかあるが、「九字」という指定に合うのは、「原爆の悲惨さの象徴」だけである。
(7)初めは、「くしゃくしゃになったピンクの布の塊」にしか見えなかったが、直前にあるように、「白い手袋を……鮮やかな赤いボタンが現れ」とある。
(8)直後に「薔薇のボタンが現れたとたん、ほっとしたように話し始めた」とあることに注目。「息をつめて」「布の塊」を見ていた女たちは、「薔薇のボタン」を見ると、「ほっとした」のである。このことについては、直後で、「色あせて……共感の余地のないもの」だが、「赤いボタンが……時代の気配を感じることができたのである。」と説明されている。「布の塊が、理解できない、恐ろしいものという、戦争を知らない世代が抱く戦争のイメージに似ており、共感の余地のないものだったから。」などでも正解である。

読解テクニック

1 (1)①理由を表す「〜から」「〜ため」に注目する！
理由を答える問題では、文章中の「〜から」「〜ため」という言葉を探す。

メディア・リテラシーはなぜ必要か？

p.22

ぴたトレ1

1 ①めす ②えさ ③すいじゃく ④か ⑤や ⑥とら ⑦かいしゃく ⑧たんてき ⑨えら ⑩しょせき ⑪むか ⑫こうげき ⑬ゆうごう ⑭こ ⑮ほろ

2 ①ウ ②エ ③ア ④イ

3 ①（サバンナの）ドキュメンタリー ②主人公

4 メディア・リテラシー

p.23

ぴたトレ2

1 (1)多面的・多重的・多層的（順不同）
(2)エ
(3)メディア・リテラシー

漢字の広場1

p.24

ぴたトレ1

1 ①ごおん ②とうおん ③はんざつ ④じっせん ⑤せんちゃ ⑥きょうせい ⑦へいゆ ⑧いちじゅん ⑨きょうげん ⑩せいじゃく ⑪ちょっかつ ⑫しょうがくきん ⑬こうてい ⑭じゅもん ⑮みぞう

2 ①エ ②ア ③ウ ④イ

p.25

ぴたトレ2

1 ①a イ b ア ②a ア b イ ③a ア b イ ④a ア b イ

2 ①遺 ②役 ③夏 ④音 ⑤経 ⑥図 ⑦児 ⑧直 ⑨女 ⑩境

3 ①例有無 ②例対句 ③例強引 ④例率直 ⑤例暴露 ⑥例化粧 ⑦例献立 ⑧例左右 ⑨例風鈴 ⑩例静脈 ⑪例街道 ⑫例定石

考え方

1 ②常用漢字表にはないが、「外」には「ウイ」という音読みがあり、これが唐音（とうおん）。「外郎（ういろう）」（米の粉を蒸したお菓子）などの例がある。③やはり常用漢字表にはないが、「頭」には「チュウ」という唐音がある。「塔頭（たっちゅう）」（大寺院の山内にある小寺院）などに使う。一般に、現在では唐音はあまり使われない。

2 読み仮名は順に、①イサン・ユイゴン ②ヤクショ・シエキ ③ゲシ・ショカ ④オンガク・ボイン ⑤キョウモン・ケイカ ⑥チズ・イト ⑦ヨウジ・ショウニカ ⑧チョクセツ・ショウジキ ⑨テンニョ・めがみ ⑩キョウカイ・ケイダイである。

3 読み仮名は順に、①ウム ②ツイク ③ゴウイン ④ソッチョク ⑤バクロ ⑥ケショウ ⑦コンダテ ⑧サユウ ⑨フウリン ⑩ジョウミャク ⑪カイドウ ⑫ジョウセキである。

文法の小窓1

p.26

ぴたトレ1

1 ①おく ②へいりつご ③しつど ④ひ ⑤やさ ⑥しか ⑦ふ ⑧かし ⑨しょさい ⑩あきら ⑪けんめい ⑫さ

2 ①ウ ②エ ③イ ④ア

p.27

ぴたトレ2

1 ①イ ②ア ③エ ④ウ

2 ①イ ②ウ ③ア

3 ①エ ②ア ③オ ④イ

4 ①イ ②エ ③エ ④ア ⑤ウ ⑥ア

考え方

1 ①は所有、②は主語を表す。

2 接続助詞の前後の内容から判断する。

3 ウの「しか」は、空欄（くうらん）に入れると不自然な文になる。「私にしか話さない。」などと用いる。

4 ①イは格助詞、他は接続助詞。②エは接続助詞「て」、他は格助詞。③すべて接続助詞だが、エは逆接、他は動作の並行を表す。④すべて終助詞だが、アは感動、他は禁止を表す。⑤ウは接続助詞「のに」の一部、他は格助詞。⑥すべて副助詞だが、アは並立、他は強調を表す。

AI（エーアイ）は哲学（てつがく）できるか

p.28

ぴたトレ1

1 ①てつがく ②ちゅうしゅつ ③ふへんてき

2 ①イ ②ウ ③キ ④ア ⑤カ ⑥オ ⑦エ

3 人工知能（AI）

4 ①人工知能カント ②根本的 ③「人間」

p.29

ぴたトレ2

1 (1)①この哲学的
②例 哲学的人工知能は哲学の作業をしているとはいえないという考え。
(2)①なぜ私は存・生きる意味（順不同）
②イ

p.30〜31

ぴたトレ3

1 (1)人工知能は〜だろうか。
(2)例 哲学が、自分自身にとって切実な哲学の問いを内発的に発し、それについてひたすら考えるものだから。
(3)イ
(4)①自律的活動・思考能力
②例 自分自身にとって切実な問いを内発的に発し、それについて考える能力をもつことこそが、人間の証しであるから。

---

2 ①哲学 ②抽出 ③普遍 ④分析

考え方

1 (1)「哲学の作業」が「切実な哲学の問いを内発的に発すること」に対応している。
(2)「そもそも哲学は」から始まる、直後の段落から読み取る。そこでは、哲学は、「問いを内発的に発するところからスタートする」ものだと述べられている。——線②の「外部から入力されたデータ」「人間によって設定された問い」は、いずれも「内発的」なものとはいえない。ゆえに、「哲学とは呼べない」のである。
(3)具体的には「なぜ私は存在しているのか?」「生きる意味はどこにあるのか?」というものである。
(4)①直前の段落に注目する。「哲学的には、自由意志に基づいた自律的活動と、普遍（ふへん）的な法則や真理を発見できる思考能力が、人間という類の証しである」とある。
②①で見た二つのものは、「将来の人工知能によっていずれ陥落させられるであろう」から、「人間の証し」としてはさらに、「内発的哲学能力が必要だ」と筆者は考えているのである。「自由意志に基づいた自律的活動と、普遍的な法則や真理を発見できる思考能力は、将来の人工知能によって陥落させられるため、人間の証しとはなりえないから。」などでも正解。

読解テクニック

1 (1)**句読点の有無に注意する！**
「●字を抜き出しなさい」という問題で、一文を抜き出すものの場合は、最後の句点を含めるか否かを確かめること。

漢字の広場2

p.32

ぴたトレ1

1 ①しにせ ②やよい ③おじ ④おとめ ⑤かわせ ⑥さなえ ⑦かじ ⑧すもう ⑨いおう ⑩もめん ⑪ふんきゅう ⑫かたず ⑬はんにゅう ⑭おば ⑮ぞうり ⑯でこぼこ ⑰もより ⑱ゆくえ ⑲さおとめ

2 ①ア ②ウ ③イ

p.33

ぴたトレ2

1 ①いくじ・イ ②さみだれ・ケ ③なだれ・コ ④ひより・ウ ⑤ふぶき・ア ⑥みやげ・ク ⑦わこうど・キ ⑧いなか・エ ⑨しばふ・カ ⑩たび・オ

考え方

1 ②「五月の雨」だと「梅雨」の感じがしないかもしれないが、旧暦の五月であることに注意しよう。③の「雪崩」は、「雪が崩れる」という漢字の意味からわかる。④「日和」は、「小春日和」（初冬の頃の、暖かくて穏やかな天気）、「行楽日和」（「行楽＝野山に出かけて楽しみ遊ぶこと」にちょうどよい天気）などの言葉として覚えておくとよい。

主な熟字訓をあげておく。

・海原（うなばら） ・乳母（うば）
・叔母・伯母（おば） ・仮名（かな）
・心地（ここち） ・差し支える（さしつかえる）
・時雨（しぐれ） ・尻尾（しっぽ）
・竹刀（しない） ・三味線（しゃみせん）
・砂利（じゃり） ・立ち退く（たちのく）
・二十・二十歳（はたち） ・息子（むすこ）
・大和（やまと）

言葉の小窓1

p.34

ぴたトレ1

1 ①えつらん ②いかく ③こどう ④じょうぞう ⑤しんし ⑥ちみつ ⑦へいがい ⑧さかのぼ ⑨ちゅうすう ⑩ざんじ ⑪じゅんしゅ ⑫くんしょう ⑬えいたん ⑭かぎあな ⑮ぶんき ⑯しょうじん ⑰しょうぞう ⑱はがね ⑲きおく ⑳かいしょ ㉑だんがい ㉒こうとう ㉓とうしゃばん ㉔おうせい

2 ①イ ②ア

p.35

ぴたトレ2

1 ①ア ②イ ③ア ④ウ ⑤イ ⑥エ ⑦ウ ⑧エ ⑨イ ⑩ア

2 ①コ・カ ②キ・ウ ③オ・ケ ④ク ⑤エ・ア

3 ①ア・ウ ②ア・イ ③ウ・イ ④イ・ア ⑤ウ・ア ⑥イ・ウ

考え方

1 ④の「デッサン」はフランス語から、⑦の「ガーゼ」はドイツ語から来た外来語である。ただし、⑧の「リヤカー」は日本で作られた和製英語（rear + car = 後方の車）なので、外来語とはいえない。⑥の「番組」は「音読み＋訓読み」なので混種語となり、和語・漢語・外来語のどれともいえない。

2 ②「踊り」にあたる漢語は「舞踊」の他に「舞踏」などもある。⑤「昼飯」は「ひるめし」と読むので和語。

3 ②の「野宿」は「訓読み＋音読み」なので、「和語＋漢語」（湯桶(ゆとう)読み）である。一方、④の「王手」は「音読み＋訓読み」（重箱読み）である。「おう」を訓読みとまちがえないように注意しよう。③の「ソーダ水」の「ソーダ」は、オランダ語から来た外来語である。「水」という字を見て「和語」と早とちりしないこと。

async（アシンク）―― 同期しないこと

p.36

ぴたトレ1

1 ①しんさい ②けんばん ③しず ④くる ⑤しんどう ⑥うす ⑦そうおん ⑧ひび

2 ①イ ②エ ③ア ④キ ⑤ウ ⑥オ ⑦カ

3 ピアノ

4 ノイズ・サウンド・人の声（順不同）

5 同期しない音

p.37

ぴたトレ2

1 (1)音楽に加工 (2)aシンバル b大きさ (3)エ

p.38〜39

ぴたトレ3

1 (1)①例勝手にいい音と悪い音を決めたり、生存にあまり必要のない音は無視したりすること。

②例脳が見たいと思っているものだけを見ること。

③・例複数の人が異なる高さで声を出していても、最終的には同じ高さになっていくこと。

・例複数の人が異なるリズムで手を叩いていても、最終的には同じリズムになってしまうこと。

（順不同）

(2)①ウ

②例人間社会は、それぞれ異なる考え方をもつ他者が一緒に存在しているものだと考えている。

2 ①震災 ②沈 ③振動 ④薄

考え方

1 (1)①第一段落から読み取る。「いい音と悪い音を決める」「生存にあまり必要のない音を無視する」の二つの要素を盛り込む必要がある。

②第二段落から読み取る。「それは視覚でも同じ」とあるので、①の「音」に対する人間の振る舞いと、基本的には同じということがわかる。

③「例えば」のあとに書かれている二つの具体例をまとめる。「簡潔に答えなさい」とあるので、言葉を削り、一般的な表現に落とし込むようにする。

(2)①直前に書かれた、同期していない音を使って、「楽曲という一定のまとまりのあるものをつくる」という内容をさしている。

②①で読み取った内容を、「人間社会」に置き換える。そこでは、「同期していない音」は「個人」、「楽曲」は「人間社会」という全体のことである。「人間社会とは、異なる個性をもつ人々が集まって一定のまとまりをつくるものだと考えている。」なども正解である。

読解テクニック

1 (1)③簡潔に説明する！

「簡潔に答えなさい」という記述問題では、「十人、二十人」を「複数」と表したり、「十分くらいで」を削ったりして、表現を整えることが求められる。

問いかける言葉

p.40

ぴたトレ1

1 ①しちょうしゃ ②ばいかいしゃ ③しだい ④ぎんみ ⑤けいこう ⑥ふかんよう ⑦なや

2 ①オ　②ウ　③ア　④キ　⑤カ　⑥イ　⑦エ

3 問い

4 ①海外の学校・自分の存在　②風向きの法則・同調・自分

5 結論

p.41

ぴたトレ2

1 (1)①具体的なもの　②a明確　b共通認識

(2)イ

p.42〜43

ぴたトレ3

1 (1)自分が共感〜とする傾向（傾向のこと）

(2)①例インターネットなどによって、一人一人が膨大な情報に直に接するようになり、「確証バイアス」が人々の間に広がっている状況。

②例それぞれが閉鎖的な情報空間を作るので、異なる情報空間にいる人々との間に分断が起こり、相手に対して不寛容になり、排除し合うような事態。

(3)イ

(4)例何か腑に落ちないという思いから疑問が生まれ、問いを発することで対話が生まれ、自分の世界とは異なる世界と出会うことにつながるから。

2 ①視聴　②媒介　③次第　④吟味

考え方

1 (1)直後から読み取る。「バイアス」とは、ある傾向に偏ること。

(2)①直前の段落から読み取る。「こうしたバイアス」は(1)で見た「確証バイアス」のこと。解答には「確証バイアス」と書くこと。「確証バイアス」の意味について書き加えていても正答である。

②直後にある「それぞれが閉鎖的な……なっていきます。」「そうなれば、……排除しようとさえするようになります。」の二文を簡潔にまとめる。この二つの要素が入っていなければ不可。

(3)直後に「皆が同じであることが……記憶があります。」とある。これはさらにそのあとの段落で、「日本の社会では、……とされているように思います。」と説明が加えられていることに注目する。

(4)直後の内容を簡潔にまとめる。直前にあるように、「わかった気にな」ってしまうと、「問い」は生まれず、「異なる世界との出会い」も生まれないのである。「疑問」→「対話」→「異なる世界との出会い」という流れを踏まえて答える。「自分の世界とは異なる世界に出会うためには対話が必要であり、対話が生じるには何か腑に落ちないという思いから生まれる疑問が必要だから。」と逆に述べたものでも正解である。

読解テクニック

1 (2)①**解答にはなるべく指示語を使わない！**

「こうしたバイアス」など、文章中で指示語が使われた表現であったとしても、それを解答に使うときには、指示内容を明らかにするようにしよう。

文法の小窓2

p.44

ぴたトレ1

1 ①ぼく　②ころ　③かべ　④ひま　⑤いっしょ　⑥ていねい　⑦ゆう

2 ①エ　②オ　③イ　④カ　⑤ア　⑥ウ

p.45

ぴたトレ2

1 ①エ ②イ ③ア ④ウ

2 ①オ ②イ ③カ ④ウ ⑤キ ⑥エ ⑦ケ ⑧ク

3 ①なかっ ②なけれ ③なく ④ない

4 ①イ ②ウ ③ア ④ア ⑤ウ

考え方

1 ②は「寝ることができる」という意味。④は祖父が自然に思い出されるという意味。

2 ④「ようだ」には推定の他にたとえ（「まるで花のようにかわいらしい。」）や、例示（「彼のように背の高い人。」）の意味もあるので注意する。⑥「そうだ」には伝聞の他に、様態（「雨が降りそうだ。」）の意味もある。

3 教科書290・291ページの「助動詞活用表」で、主な助動詞の活用について調べておこう。

4 ①イは打ち消しの意志、他は打ち消しの推量。②ウは様態、他は伝聞。③アは受け身、他は自発。④アはたとえ、他は推定。⑤ウは過去、他は存続。

言葉の小窓2

p.46

ぴたトレ1

1 ①か ②こうけん ③たまわ ④ばいしょう ⑤こくひん ⑥げっぷ ⑦わいろ ⑧ゆうかい ⑨はさ ⑩せっそく ⑪まっしょう ⑫こうずい ⑬ししゅく ⑭ぜんげん ⑮せんたく ⑯はんよう ⑰こうがい ⑱さんばし ⑲しょうしょ ⑳せんさく ㉑いたく ㉒きょだく ㉓ふほう ㉔ゆし

2 ①イ ②ア

p.47

ぴたトレ2

1 ①いらっしゃる（おいでになる） ②ご存じだ ③参る ④拝読する ⑤拝聴する（うかがう） ⑥お目にかかる ⑦尊敬語…ご覧になる　謙譲語…拝見する ⑧尊敬語…なさる　謙譲語…いたす ⑨尊敬語…おっしゃる　謙譲語…申す（申し上げる） ⑩尊敬語…召し上がる　謙譲語…いただく

2 ①先生が板書をなさって、それを生徒に読ませました。 ②先生がいらっしゃって、「いつも早いですね。」とおっしゃいました。

3 ①a父 b戻ります ②a校長 bおります c○ dお待ち（になって）ください

考え方

1 ①「行く」の謙譲語は「参る」「うかがう」。②「知る」の謙譲語は「存じる」「承知する」。③「来る」の尊敬語は「いらっしゃる」「おいでになる」など。

2 ①先生の動作については尊敬語と丁寧語を使う。②先生の動作については尊敬語と丁寧語、先生の「私」に対する言葉には丁寧語を使う。

3 ①「自分側」なので「お父さま」は「父」に直す。「父」の動作なので、「戻る」は謙譲語に直す。「お（ご）～になる」は尊敬語、「お（ご）～する」は謙譲語。②「校長先生」は「自分側」なので、来客に対しては謙譲語を使う。来客の動作には尊敬語を使う。

旅への思い――芭蕉と『おくのほそ道』――

p.48

ぴたトレ1

1 ①ごらく ②ひょうはく ③きんき ④ぼうとう ⑤かんがい ⑥かかく ⑦はら ⑧ゆず ⑨へだ ⑩すす ⑪かけい ⑫たいざい

2 ①イ ②ア ③オ ④エ ⑤ウ

p.49

ぴたトレ2

1 (1)エ (2)旅人 (3)馬の口とらへて老いを迎ふる (4)さすらえて

p.50～51

ぴたトレ3

1 (1)ア (2)高館 (3)Aイ Bイ (4)さても～なる。 (5)佳景寂寞 (6)①季語…蝉 季節…夏 ②切れ字…や 初（句切れ） (7)「松柏年旧り」と「土石老いて」 (8)①例人間の営みのはかなさと悠久の自然との対照。 ②例寂寞とした景観の中での清澄な心情。

2 ①近畿 ②感慨 ③娯楽 ④冒頭

考え方

1 (1)「三代の栄耀一睡のうちにして」（三代約百年続いた奥州藤原氏の栄華も一睡のうちに過ぎた）が「人間の世のはかなさ」を、「金鶏山のみ形を残す」（金鶏山だけが昔のままの形を残している）が「悠久の自然」を表している。悠久の自然に対して、人間の世のはかないことをいっているのである。

(2)「高館」は源義経の館があったところ。「義臣」（義経がよりすぐった臣下たち）が立てこもったのはこの高館。「和泉が城」ではないので注意すること。

(3)教科書136ページ参照。教科書では、「国破れて　山河在り　城春にして　草木深し」となっているが、同じ詩を引用している。この漢詩の主題も、変わらぬ自然に対してはかない人間の営みへの嘆きである。

(4)「功名一時のくさむらとなる」は「功名も一時のことで、今は草むらとなっている」という意味。「夏草や…」の句の意味は、「ここは昔、義経のつわものたちが華々しく戦って功名を争ったところだが、それもいまは夢の跡、夏草が生い茂っている」。両者は直接結びついているといえる。

(5)「佳景寂寞」は、「佳景」（よい景色）と「寂寞」（ひっそりとして物寂しいこと）が合わさった言葉である。「岩に巌を重ねて……物の音聞こえず」の部分は、岩や木々の様子が趣深く、静かで物音一つしない様子を描いているので、「佳景寂寞」という言葉にぴったりだといえる。

(6)②「切れ字」は、句の途中や句末に置いて、句を切るはたらきをするもの。「切れ字」があるところが「句切れ」となり、その俳句の感動の中心を示す。代表的な切れ字は「や・かな・けり」である。

(7)「対句」は、語の並べ方が同じで、意味が対になる二つ以上の句を連ねる表現技法である。

(8)主題が凝縮されている俳句に着目するとよい。「平泉」では、「夏草や…」の句に人間の世のはかなさと変わらぬ自然が描かれ、「立石寺」では、「閑かさや…」の句に、寂寞とした景観が象徴的に表現されている。「立石寺」の主題は、静寂さと、その中で澄みきっていく心情のどちらかが抜けていたら減点である。「悠久な自然に対する人間の営みのはかなさ。」（「平泉」）、「蟬の声によって深まる静寂さと澄んだ心情。」（「立石寺」）などでも正解である。

和歌の調べ――万葉集（まんようしゅう）・古今和歌集（こきんわかしゅう）・新古今和歌集（しんこきんわかしゅう）――

p.52

ぴたトレ1

1 ①こきん　②いの　③たく　④さわ

2 ①エ　②キ　③オ　④カ　⑤ウ　⑥ア　⑦イ

p.53

ぴたトレ2

1 (1)①イ　②ア・エ（順不同）

(2)①例見晴らしのよいところへ出てみると

②田子の浦

③真白にそ

風景と心情――漢詩を味わう――

p.54

ぴたトレ1

1 ①こう　②ほうろう　③ほんぽう　④しょう　⑤ばんきん

⑥ちつじょ　⑦お　⑧しらが　⑨かんむり　⑩じょじ

2 ①エ　②イ　③オ　④ア　⑤カ　⑥ウ

p.55

ぴたトレ2

1 (1)七言絶句

(2)孤帆の遠影　碧空に尽き

(3)孟浩然

(4)楼・州・流（順不同）

最後の一句

p.56

ぴたトレ1

1 ①ざんざい　②した　③ゆうふく　④とぼ　⑤そうとう　⑥わぼく

⑦さぐ　⑧うった　⑨ぶぎょう　⑩あかつき　⑪つ　⑫かいちゅう

⑬かえり　⑭うかが　⑮しゅい　⑯いつわ　⑰しっこう　⑱ひか

⑲つか　⑳おく　㉑ちんじゅつ　㉒ぞう　㉓かんてつ　㉔しゃめん

2 ①ア　②イ

3 ①（桂屋）太郎兵衛　②いち　③佐佐

4 ①桂屋　②西町奉行所　③（西町奉行所の）白州

5 運送・新七

p.57

ぴたトレ2

1 (1)お父っさんはあ～いいのである。

(2)お父っさん～てください

(3)イ

p.58〜59

ぴたトレ3

1 (1)どうしても帰らないつもり

(2)例門が開いて願い書を渡すまでは帰らないことを示すため。

(3)いちの態度があまり平気なので

(4)①例役人たちが不審に思って自分たちのそばへ来ること。

②例書き付けを受け取ってもらえる好機だから。

(5)例いきなりのことで、とっさに状況が判断できなかったから。

2 ①慕　②訴　③陳述　④貫徹

考え方

1 (1)「私どもはお願いを聞いていただくまでは、どうしても帰らないつもりでございます」とある。「叱られたって帰るのじゃありません」と同様、願い書を受け取ってもらうまでは絶対に帰らないといういちの強い決意が表れた言葉である。

(2)この後いちは、門が開くと中に進み入り、玄関の方へ進んでいく。そして、出てきた与力に書き付けを渡した。つまり、いちが門の前にしゃがんだのは門が開いたら中に入り、役人に願い書を渡すことが目的だったわけである。

(3)相手があまり平然としていると、声をかけるのもためらわれるものである。

(4)①「こうなる」のさし示す内容を捉えればよい。「こうなる」は、玄関から二、三人の詰め衆が出てきて、子どもたちを取り巻いたこと、をさしている。

②書き付け（願い書）を渡そうにも、役人が出てこなければどうにもならない。ちょっとした騒ぎになれば役人が玄関から出てきて、そこで書き付けを渡すことができると考えたのである。ここにもいちの深い知恵が表れている。

(5)与力は騒ぎに気づいて出てきたばかりで、まだ状況を飲み込めていない。うっかり受け取ってしまっても責任がもてないと考えたのだろう。与力は結局、「とにかく書き付けを預かっておいて、伺ってみることにしましょうかな」と言って受け取っているが、その内容についてどうこうする立場にはないことに注意する。「そもそも受け取ってよいかどうかを判断できる立場ではないから。」などでも正解。

読解テクニック

1 (2) **人物の行動の目的を読み取る！**

人物の行動の目的は、そのあとの経過を見ればわかることが多い。いちは門が開いたあとどうしたか、その結果、事態はどう動いたかに注目して、いちの目的を考える。

漢字の広場3

p.60

ぴたトレ1

1 ①み ②かえり ③はか ④あらわ ⑤すす ⑥おか ⑦しぼ ⑧しぼ ⑨かお ⑩きゅうけいじょ ⑪ぼうりゃく ⑫ほんろう ⑬めいわく ⑭しゅうかく ⑮しんじゅ ⑯せいきょ

2 ①イ ②ア ③ウ

p.61

ぴたトレ2

1 ①省 ②済 ③勧 ④説 ⑤搾 ⑥臨 ⑦泊 ⑧診 ⑨侵 ⑩傷

2 ①a堅 b固 c硬 ②a覚 b冷 ③a誤 b謝

3 ①エ ②ウ ③イ ④ア

考え方

1 ①「省みる」は「自分のしたことを振り返って考える」の意味。「顧みる」は「後ろを振り向いてみる（例ふと顧みると、妹がいた。）」、「昔のことを思い出す（例新人時代を顧みる。）」の意味。

②「済む」は「物事が終わる」の意味。「住む」は「居所を決め、そこで暮らす（例横浜に住む。）」の意味。

③「勧める」は「自分がよいと思うことを相手がするように誘う」の意味。「薦める」は「物事のよいところを話し、採用するように言う（例このメーカーの鉛筆を薦める。）」の意味。

④「説く」は「相手にわかるように話す」の意味。「解く」は「ほどく（例ひもを解く。）」、「気がかりを取り除く（例疑いを解く。）」、「答えを出す（例数学の問題を解く。）」の意味。

⑤「搾る」は「しめて、汁を出させる」の意味。「絞る」は「ぬれた布をねじって水分を出す（例布巾を絞る。）」、「精いっぱい出す（例みんなで知恵を絞る。）」の意味。

⑥「臨む」は「目の前にする」の意味。「望む」は「そうなってほしいと願う（例世界の平和を望む。）」、「遠くを眺める（例富士山を望む公園。）」の意味。

⑦「泊まる」は「よそに行き、そこで夜を過ごす」の意味。「止まる」は「動いていたものが動きをやめる（例機械が止まる。）」、「通じなくなる（例電気が止まる。）」の意味。
⑧「診る」は「心身の具合を調べる」の意味。「見る」は「目で捉える（例遠くを見る。）」の意味。
⑨「侵す」は「他人の権利を傷つけ、損なう」の意味。「冒す」は「おしきってする（例危険を冒す。）」、「病気が体を損なう（例結核に冒される。）」の意味。
⑩「傷む」は「傷ついたり、腐ったりする」の意味。「痛む」は「体や心に痛みを感じる（例ねんざをした足が痛む。）」の意味。

2 ①「堅い」は「曲がったり折れたりしない。確かである」の意味。「固い」は「形が崩れにくい。しっかりしていて、揺るがない。頑固だ」の意味。「硬い」は「力を加えても形を変えない。まじめで難しい様子」の意味。
②「覚める」は「眠りの状態から、はっきり目を開ける。心の迷いが消える」の意味。「冷める」は「温度が下がる。気持ちの高まりが薄れる」の意味。
③「誤る」は「まちがえる。まちがった方向に進む」の意味。「謝る」は「自分の悪いことを認め、申し訳ない気持ちを表す」の意味。

3 もう少し例文をあげておく。①準備を整える。②交渉（こうしょう）を調える。家具を調える。③未練を断つ。台風で道が断たれる。④兄弟の縁を絶つ。命を絶つ。

〈その他の異字同訓〉
○合う・会う　○開ける・空ける・明ける
○上げる・挙げる・揚げる　○暖かい・温かい
○表す・現す・著す　○粗い・荒い
○移す・映す・写す　○追う・負う
○起こる・興る　○下りる・降りる
○折る・織る　○変える・換える・替える・代える
○皮・革　○聞く・聴く・利（き）く・効く
○答える・応える　○指す・挿す・差す・刺す
○責める・攻める　○備える・供える
○着く・付く・就く・突く　○作る・造る・創る
○取る・撮る・捕る・執る・採る　○泣く・鳴く
○煮る・似る　○上る・登る・昇る
○初め・始め　○生える・映える
○早い・速い　○減る・経る
○周り・回り　○元・基・本・下
○優しい・易しい　○敗れる・破れる
○別れる・分かれる

言葉の小窓3

p.62

ぴたトレ1

1 ①ぼっぱつ　②はしゃ　③しし　④せきずい　⑤きょうい
⑥ほうしょく　⑦たいかん　⑧はっこう　⑨けいちょう　⑩てきぎ
⑪ぞうしょく　⑫しゅうちしん　⑬ひじゅん　⑭かきね
⑮そとぼり　⑯そぞう　⑰ばんしゃく　⑱かくせい　⑲ばいしん
⑳いつわ　㉑こうてつ　㉒かれつ　㉓しょほうせん　㉔ふごう

2 ①イ　②ア

p.63

ぴたトレ2

1 ①エ　②カ　③イ　④オ　⑤ウ　⑥ア
2 ①エ　②イ　③ウ　④オ　⑤ア
3 ①ア　②イ
4 ①エ　②ア　③オ　④ウ　⑤イ

考え方

1 ①「耳をそろえる」は、まとまったお金を不足なく整えること、③「足が出る」は、予算や収入を超えた出費になること、④「顔に泥を塗る」は、面目を失わせること、⑤「目から鼻へ抜ける」は、非常に賢いさま。

2 ②「気のおけない」は近年、気を許せないというような意味に使う人が多いが、これは誤りで、相手に気づまりや遠慮を感じないさまをいう。

3 ①「せいては事をし損じる」は、急ぐ時ほど落ち着いて行動しなさいという意味。②「のれんに腕押し」は、手応えがないことのたとえ。選択肢のウ「月とすっぽん」は、二つのものの違いがあまりに大きいため、比べることができないことのたとえ。似た意味のことわざに、「提灯に釣り鐘」などがある。エ「善は急げ」は、よいと思ったことはためらわずに実行しなさいという意味。似た意味のことわざに「思い立ったが吉日」などがある。

4 ①「虻蜂取らず」と似た意味のことわざには、「二兎を追う者は一兎をも得ず」などがある。②「医者の不養生」に似た意味のことわざには、「紺屋の白袴」などがある。③「絵に描いた餅」と似た意味のことわざには、「机上の空論」などがある。④「転ばぬ先の杖」と似た意味のことわざには、「石橋をたたいて渡る」などがある。⑤「けがの功名」は、「こうみょう」の部分を「巧妙」や「光明」などと書かないように注意する。

〈主な慣用句〉
- 油を売る…仕事中に無駄話をして時間を無駄にすること。
- 一目置く…相手を自分よりも優れていると認めること。
- 牛の歩み…進行が非常に遅いこと。
- お茶を濁す…適当にその場をごまかすこと。
- 尾ひれをつける…話を大げさにすること。
- 高をくくる…程度を軽く見ること。
- 木で鼻をくくる…無愛想にすること。
- 釘を刺す…あらかじめ念を押しておくこと。
- 匙を投げる…だめだと諦めてしまうこと。
- 雀の涙…極めて量が少ないことのたとえ。
- 音を上げる…弱音を吐く。
- 二の足を踏む…尻込みすること。
- 鼻を明かす…出し抜いてあっと言わせること。
- 水を差す…せっかくうまくいっているものを邪魔すること。
- 虫の居所が悪い…機嫌が悪く、怒りっぽい状態。

〈主なことわざ〉
- 青菜に塩…元気がない様子。
- 雨降って地固まる…悪いことのあと、かえって事態が上向くこと。
- 石の上にも三年…我慢すれば、いつかは成功するということ。
- 魚心あれば水心…相手の態度によってこちらの対応を決めること。
- 飼い犬に手を噛まれる…信用している人に裏切られること。
- 火中の栗を拾う…無理して危険なことをすること。
- 河童の川流れ…名人も油断すると失敗してしまうこと。
- 果報は寝て待て…待っていれば機会に恵まれるということ。
- 烏の行水…入浴時間が極めて短いこと。
- かわいい子には旅をさせよ…子どもがかわいければ、苦労をさせなさいということ。
- 九死に一生を得る…奇跡的に生還すること。
- 木を見て森を見ず…細かいことを気にして、全体を見ていないこと。
- 知らぬが仏…事実を知らないほうが幸せな場合もあるということ。
- 親しき中にも礼儀あり…親しいからといって、失礼な態度をとってはいけないということ。

俳句の味わい

p.64 ぴたトレ1

1 ①わた　②しゅんかん　③か　④ぜつめつ　⑤げんそうてき　⑥ふ
⑦ま　⑧こ　⑨にお　⑩そうりょ　⑪けっこん　⑫こつずい
⑬そうぜつ　⑭こどく　⑮とびら　⑯ふ　⑰ほどこ
⑱やくどうてき　⑲りくつ　⑳う

2 ①ウ　②ア　③イ

3 ①上田五千石・秋　②金子兜太・蛍　③住宅顕信・自由律
④堀本裕樹・夏

p.65 ぴたトレ2

1 (1)①夏
②ウ
(2)a大きな強い動物　b小さな儚い虫　c土の濃い匂い

初恋(はつこい)

p.66 ぴたトレ1

1 ①みりょく　②どうよう　③ただよ　④つ　⑤まえがみ　⑥ふ

2 ①エ　②ア　③オ　④ウ　⑤イ

p.67 ぴたトレ2

1 (1)ウ
(2)①エ　②イ　③ア　④ウ
(3)林檎
(4)おのづからなる細道

故郷

p.68 ぴたトレ1

1 ①のうり　②また　③ぼっ　④やと　⑤つや　⑥ぼうし　⑦かわ
⑧は　⑨へい　⑩おく　⑪あし　⑫とうふ　⑬か　⑭だんな
⑮きょうぐう　⑯きょうさく　⑰いす　⑱すいじ　⑲ほ
⑳にわとり　㉑なごり　㉒えいゆう　㉓しょもう　㉔すうはい

2 ①ア　②イ

3 ①私　②閏土　③楊おばさん　④宏児

4 ①船　②三十年　③楊おばさん　④閏土　⑤旅立ち

p.69 ぴたトレ2

1 (1)例船の中で、故郷へ向かっているところ。
(2)エ
(3)もともと故〜のだから。

p.70〜71 ぴたトレ3

1 (1)例閏土の突然の訪問に感激したが、どう迎え入れるべきか迷っている。
(2)例(血色のいい、まるまるした手は、)太い、節くれだった、しかもひび割れた、松の幹のような手に変わった。
(3)エ
(4)例記憶の中の閏土と今の閏土の姿が、あまりに違っているから。
(5)例幼なじみと再会できたという喜びと、身分の違いを自覚した寂しさ。
(6)例社会的な身分や境遇に差があること。

2 ①渇　②贈　③掘　④英雄

考え方

1 (1)直後の段落に、閏土(ルントー)の変貌ぶりが描かれているが、その後の段落には「私は感激で胸がいっぱいになり、しかしどう口をきいたものやら思案がつかぬままに」とある。

(2)直後に、「背丈」「顔」「目」「手」のそれぞれについて、昔と今の違いを具体的にあげている。

・背丈…倍ほどになった
・顔…艶のいい丸顔→黄ばんだ色に変わり、深いしわがたたまれた
・目…周りが赤く腫れている
・手…血色のいい、まるまるした手→太い、節くれだった、しかもひび割れた、松の幹のような手

(3)「閏ちゃん」という呼び方は、本来子どもどうしが呼び合うときのものである。「私」は旧友との再会に感動し、親しみを込めて「閏ちゃん」と呼んだのである。

(4)「だがそれらは、何かでせき止められたように、頭の中を駆けめぐるだけ」とある。この時点では「私」はまだはっきりと自覚はしていないが、二人の間に隔たりができていることを漠然と感じ取り、それによって言葉を発することができなくなっているのである。

(5)あとのほうの閏土の言葉からわかる。「喜び」については「全く、うれしくてたまりませんでした、旦那様がお帰りになると聞きまして」の部分から、「寂しさ」については「なんとも……とんでもないことでございます。あの頃は子どもで、なんのわきまえもなく……」の部分から考えるとよい。

(6)(5)の「寂しさ」で閏土が感じていることと同じである。二人の間に横たわっている壁は、大人になってみればどうしても意識せざるを得ない「社会的な身分や境遇」の差からくるものなのである。

読解テクニック

1 (3)「……」の部分の複雑な気持ちを読み取る！

会話文の中の「……」は、余韻をもたせるはたらきとともに、言葉にできない感情の表現にも使われる。直前には「感激で胸がいっぱいになり、しかしどう口をきいたものやら思案がつかぬままに」とあり、直後では「私」は、閏土に対してさまざまな思いが頭を駆けめぐっていることが描かれている。「……」にこめられた「私」の複雑な思いを読み取ろう。

漢字の広場4

p.72

ぴたトレ1

1 ①せいれんけっぱく ②ふんこつさいしん ③じゅんかんけいろ ④ちゅうしゃきんし ⑤めいよきそん ⑥かせん ⑦こうしょう ⑧せっちゅう ⑨さいばい ⑩せいりょう ⑪きかがく ⑫みんぞくがく ⑬すいてき ⑭げんしゅく ⑮きゅうてい ⑯てんじょう ⑰きかん ⑱おこた ⑲きどう ⑳ゆうよ ㉑こくふく ㉒へいおん ㉓こうそく ㉔ぎょうこ

2 ①イ ②ア

p.73

ぴたトレ2

1 ①A一 B二 ②A一 B千 ③A二 B三 ④A四 B八 ⑤A千 B万 ⑥A八

2 ①口 ②深 ③体 ④夢 ⑤霧

3 ①○ ②× ③○ ④× ⑤× ⑥○ ⑦×

4 ①イ ②ア ③エ ④ウ

考え方

1 ②「一日千秋（「いちにちせんしゅう」ともいう）」は「一日が千年のように長く感じられること。待ち遠しいことのたとえ」。③「二束三文」は「数は多いが、値段が非常に安いこと」。⑤「千差万別」は「種類もその違いもさまざまであること」。⑥「八方美人」は「誰からもよく見られようと如才なくふるまうこと。その人」。

2 ①「異口同音」は「多くの人が口をそろえて同じことを言うこと」。

②「意味深長」は「意味が深いさま。隠れた特別の意味があるさま」。④「無我夢中」は「我を忘れるほど熱中すること」。⑤「五里霧中」は「どうするべきか迷い、方針や見込みが全く立たないこと」。

3 ②この場合は「傍若無人にふるまう。」が正しい。「縦横無尽」は、「縦横無尽に活躍する。」のように使う。④この場合は「合格の知らせに欣喜雀躍する。」などが正しい使い方。「七転八倒」は「あまりの痛さに七転八倒する。」のように使う。⑤「一部始終」は「物事の始めから終わりまで」の意味なので、この使い方はまちがい。「一部」とすれば正しい文になる。⑦「我田引水」は「自分に都合のいいように理屈をつけること」の意味なので、肯定的に用いるのはまちがい。「我田引水の説明なので納得できない。」なら正しい文となる。

4 ③「朝三暮四」は、宋の狙公が、飼っていた猿にトチの実を与えるのに、朝に三つ夕方四つやろうと言うと猿たちは怒ったが、朝に四つ夕方三つやろうと言うと大喜びしたという故事からできた成語。

〈主な四字熟語〉
・唯々諾々…事のよしあしにかかわらず、人の言いなりになること。
・意気投合…気持ちや考えが一致すること。
・一進一退…進んだり戻ったりすること。
・栄枯盛衰…栄えたり衰えたりを繰り返す、人の世のはかなさのこと。
・岡目八目…当事者よりも第三者のほうが、物事の是非を判断できるということ。
・夏炉冬扇…役に立たないもののこと。
・危機一髪…一つまちがえば危険な状態になること。
・奇想天外…思いもよらないような奇抜なこと。
・牛飲馬食…盛んに飲み食いすること。
・急転直下…物事が急に変わり、解決に向かうこと。
・厚顔無恥…厚かましく、恥知らずであること。
・針小棒大…ささいなことを大げさに言うこと。
・生殺与奪…他者を好きなように支配すること。
・大器晩成…大人物は遅れて頭角を現すということ。
・大同小異…だいたいは同じだが、細かな点で違いがあること。
・電光石火…動きが非常に速いこと。
・日進月歩…絶えず進歩すること。
・馬耳東風…他人の意見を聞き流すこと。
・付和雷同…他人の言動に安易に賛同すること。
・本末転倒…物事の根本とそうでないことを取り違えること。
・用意周到…準備に手抜かりがないこと。
・臨機応変…状況に応じた行動をとること。
・終始一貫…最初から最後まで変わらないこと。

生命とは何か

p.74

ぴたトレ1

1 ①さいぼう ②りゅうし ③こんわく ④かげ ⑤しゅつぼつ
⑥し ⑦きりふ ⑧しめ ⑨から ⑩つ ⑪ねむ ⑫ふた
⑬すきま ⑭さと ⑮くさ ⑯こうかん ⑰へいこう
⑱こうじょうてき ⑲かいにゅう ⑳もど

2 ①ウ ②イ ③ア

3 ①生物学者 ②トカゲ ③生命

4 平衡・一回性

p.75

ぴたトレ2

1 (1)イ
(2)①いったん外
②そこに息づ～ということ

p.76

地球は死にかかっている

ぴたトレ1

1 ①かがや ②きょうりゅう ③きょだい ④きせき ⑤ねんれい
⑥ばんぶつ ⑦れいちょう ⑧はかい ⑨にぎ ⑩やばん
⑪かんきょう ⑫おせん

2 ①オ ②ア ③エ ④イ ⑤ウ

3 ①生命 ②新参者・万物の霊長 ③共存

p.77

ぴたトレ2

1 (1)①新参者
②地球上の全～握っている
(2)イ

p.78

水の星

ぴたトレ1

1 ①しっこく ②やみ ③しんせき ④おどろ ⑤きょり ⑥うず
⑦きおく ⑧あや ⑨かか

2 ①イ ②エ ③ウ ④オ ⑤ア

p.79

ぴたトレ2

1 (1)イ
(2)a 孤独 b 火の玉 c 水
(3)ア

p.80

「対話力」とは何か

ぴたトレ1

1 ①しんらい ②ちえ ③おそ ④こんきょ ⑤はあく
⑥じゅうなん ⑦もぎ ⑧するど

2 ①エ ②ア ③オ ④ウ ⑤イ ⑥カ

3 ①多文化共生社会 ②多様な人々 ③異なる考え方 ④解決策
⑤創り出す ⑥プロセス ⑦人間関係

p.81

ぴたトレ2

1 (1)多様な人々・話し合いの（順不同）
(2)ウ
(3)相手の発言～工夫をする

p.82

バースデイ・ガール

ぴたトレ1

1 ①かぜ ②ちめいてき ③かた ④ふんいき ⑤おだ ⑥いんうつ
⑦じまん ⑧あいさつ ⑨かんし ⑩の ⑪しんみょう ⑫いど
⑬こ ⑭きょむ ⑮きら ⑯あぶらあせ ⑰こがら ⑱ぬ
⑲となり ⑳ようせい ㉑こどう ㉒そくせき ㉓ちょうぼ
㉔あいまい

2 ①ア ②イ

3 ①ウェイトレス ②オーナー

4 ①彼女 ②僕・三 ③願い（願いごと）

p.83

ぴたトレ2

1 (1)①二十歳の誕
②願い
(2)イ

p.84〜85

ぴたトレ3

1 (1)普通の女の子が願うようなこと
(2)例美人になりたいとか、お金持ちになりたいというような願いは、実際にかなったら自分がどう変わるかわからないということ。
(3)人生の仕組み
(4)ア
(5)直喩（比喩）
(6)例現実感がなく、地に足がついていないような状態。

2 ①肩幅 ②自慢 ③載 ④磨

考え方

1 (1)具体的に言えば「もっと美人になりたいとか、賢くなりたいとか、お金持ちになりたいとか、そういうこと」ということになるが、字数に合わない。「老人」はこういった願いごとを「普通の女の子が願うようなこと」と考えているのである。

(2)「彼女」は「普通の女の子が願うようなこと」を願っていないわけではない。だが、もしもそれがかなえられれば、自分にはなんらかの変化が起こるだろうし、それを少し恐れてもいるように思われる。

(3)直前の部分から読み取る。「彼女」は人生の仕組みがよくわかっていないので、「普通の女の子が願うようなこと」がかなえられた場合、自分の人生がどう変わってしまうのかよくわからないと考えているのである。

(4)イ「優柔不断」とは「ぐずぐずしていて決断力に乏しいこと」である。確かに「彼女」は「もしまずいようなら、何か別のものにします。」「別のものでもかまわないんです。」と言っているが、優柔不断で決められないわけではない。あくまで「老人」が意外そうにしていることから変えてもいいと言っているのである。

(5)「脳みそのしわみたいに」「微小な羽毛のような」のように「〜のようだ」「〜みたいだ」「〜のごとく」などの言葉を伴ってある事柄を別のもので形容する表現技法を「直喩」といい、「比喩法」の一つである。これに対して、「〜ようだ」などのような形を取らずにたとえる表現技法を「隠喩」という。例「頭に霜を置く」（白髪(しらが)があることを「〜のようだ」などの言葉を使わずに表現している。）作者の村上春樹(むらかみはるき)の文章は、直喩を含む独特の比喩表現が特徴で、大きな魅力の一つである。

(6)「訳のわからないものの上を歩いているような気分」とは、「足が地につかない」という慣用句に似たような状態だと考えられる。大きな喜びやひどい緊張などで、気持ちが落ち着かない状態をいう。今まで「老人」の部屋で行われていたことがあまりに奇妙で非日常的だったので、そこから解放されて、まだ気持ちの落ち着き場所を見つけられないでいるのだと考えられる。「つかみどころのない、非現実的な感覚の中にいるような状態。」などでも正解。「現実感がない」という内容になっていれば正解である。

読解テクニック

1 (6)抽象的な表現を具体的に説明する！
物語のような文学的文章では、表現技法などを用いて心情を表しているものが多い。抽象的な表現について、物語の流れや登場人物の言動から具体的な内容を読み取ろう。

青春の歌——無名性の光

p.86

ぴたトレ1

1 ①さけ ②とちゅう ③びみょう ④れんあい ⑤しょうちょう ⑥こうい ⑦じょうだん ⑧いす ⑨し ⑩はさ ⑪かんがい ⑫はな ⑬かげ

2 ①エ ②ア ③イ ④ウ

3 青春

4 ①今 ②大切さ ③眩しかった過去 ④友人 ⑤学生 ⑥人生の春

p.87 ぴたトレ2

1
(1)イ
(2)①いつまでこ～いられるか（ということ。）
②青春の光を～意識の現れ

やわらかな想い

p.88 ぴたトレ1

1 ①か ②えがお ③ちんもく ④ひとみ ⑤なみだ ⑥じゅうなん
2 ①イ ②ウ ③ア ④エ

p.89 ぴたトレ2

1
(1)イ
(2)ウ
(3)・赤ちゃんの笑い声
・理由のない涙
（順不同）

素顔同盟

p.90～91 ぴたトレ3

1
(1)人工的すぎ～じなのだ。
(2)①人と同じであること
②幸福
③僕は僕でありたい。
(3)例周りの人たちは、（僕のように）仮面をつけることに疑問や怒りを感じることはないのだろうかということ。
(4)例仮面で感情を隠すことで、感情的な争いがなくなったから。
(5)例誰もが平穏な毎日を送れるようになったこと。
(6)例本当の表情を隠し、笑顔の仮面をつけて得られるものは真の自由とは思えないから。

2 ①隠 ②寂 ③眠 ④逃

考え方

1 (1)直後から具体的に説明されている。それは、「無表情」で「無個性」なものである。
(2)①②直前に「～が」という逆接の接続助詞があることに注目する。「人と同じであることは幸福なのだ」と言う「みんな」に対して、「僕」はそうではないのである。
③「人と同じである」ことの反対は、自分は自分である、ということである。「僕はいろんな表情をもちたいと、叫んでいる。」という文もあるが、「①と反対のことを表した一文」を答えるということに気をつける。
(3)直前の「疑問や怒り」の対象も、前の部分を遡って読み取ること。(2)で見たように、仮面をつけることに対する「みんな」と「僕」の意見は異なっている。
(4)「人と人との摩擦」はそれぞれの感情から生まれる衝突を意味している。仮面をつけることによって、表面上はそれが見えなくなっているのである。あとでも「いつもニコニコ、平和な世界、……真の平和と自由を与えてくれたのだ……。」などと言っていることからわかるように、「先生」は、仮面をつけてみんなが「同じ笑顔」になったことによって、争いごとがなくなったと考えており、仮面をつけることをよいことであると評価しているのである。
(5)(4)で見た「先生」の言葉の続きであることに注意する。「摩擦はすっかりなくなり、平穏な毎日を送れるようにな」ることは、生活していくうえで面倒が少なくなることを意味するので、確かに「便利」だといえよう。
(6)ここまで見てきたように、「僕」は仮面をつけることに対して、「息苦しさ」や「疑問や怒り」を感じている。それに対して、「先生」は、仮面が「平穏な毎日」をもたらしてくれたと喜んでいるのである。

「僕」は「先生」の「仮面は私たちに真の平和と自由を与えてくれた」という言葉に、特に大きな疑問を感じている。「真の自由というものは、本当の表情を隠すことで得られるものとは思えなかったから。」などでも正解。

読解テクニック

1 (2) **対比されている物事に注目する！**
物語のような文学的文章では、主人公や語り手が周囲に対して抱いている違和感や劣等感などをテーマに据えているものがある。『素顔同盟』のこの場面では、「先生」(＝周囲の人々)と「僕」の「(仮面の) 笑顔」に対する考えの違いを意識しながら読み取っていくようにしよう。

p.92〜93

語り継ぐもの

ぴたトレ3

1 (1)例胎内で被爆し、白血病に冒されている人物。
(2)例学生や子どもたちが、朗読をまっすぐに受け止めてくれた。
(3)例被爆者の思いを、もっと多くの人たちに伝えたかったから。
(4)①とても重い〜しれない。
②例感情に走らずに言葉の意味を正確に伝えること。
(5)例広島と長崎では被爆状況が違い、作品の雰囲気も異なることに気がついたため、二つを分けて収めることにした。

2 ①滞在 ②撮影 ③残酷 ④舞台

考え方

1 (1)直前から読み取れる。筆者は『夢千代日記』というテレビドラマで、「胎内で被爆した山陰の小さな温泉町の芸者に扮した」とある。「胎内で被爆した」というのは、母親の子宮の中で、つまりまだ生まれる前にお母さんのおなかの中で原爆に遭った、ということである。
(2)「原爆詩という存在を学生たちに知ってもらいたい、……少しでもわかってもらいたいと願ってのことである。」とあるように、筆者は、原爆詩の朗読をとおして原爆の悲惨さを若い人たちに伝えようと願った。それに対して、学生たちは「私の朗読をまっすぐに受け止め、必ず感想文を寄せてくれた」とあるように、筆者の思いを受け止めたのである。
(3)直後に「一人で学校を回っても聴いてくれる人の数は知れている。被爆者の心の底からの思いを多くの人々に伝えたい……。」とあることに注目する。
(4)①「とても重い詩のため、……逆につらくなってしまう。」「耐えきれずに二度と聴いてもらえないかもしれない。」という直前の二文に注目する。
②直後の部分から読み取れる。「感情に走らずに言葉の意味を正確に伝えることを大切にした」とある。筆者は、若者たちが朗読を聴いてくれることを何よりも重視していたのである。
(5)筆者は、第三段落で、原爆詩の朗読をCDに収めることを思い立つ。同じ段落には、「広島・長崎の原爆詩、短歌、俳句を集めた作品集を何度も読み返し、私は構想を練った。」とあり、そのあとの段落にある、筆者が選んだ「十二編の詩」が、広島と長崎の詩いずれなのかは明らかにされてはいない。この時点では、筆者は、広島と長崎の原爆詩を一緒にCDに収録するつもりであったことが想像できるのである。そしてその後、最後から二つめの段落で「構成している間に、……まず広島編を制作したのである。」と明かされるように、「被爆状況」や「作品の雰囲気」の違いから、広島と長崎の詩を、別のCDに収録することになったということが読み取れる。

言葉の力

ぴたトレ3

1
(1)あたりまえの不・あたりまえをあ（順不同）
(2)ア
(3)ウ
(4)例この物とこの名とは同じことを意味すると、皆が先にわかっていなければ同じということを決めることができないので、この想像はおかしい。
(5)①初めに言葉・全てのもの（順不同）
②例言葉は、地球や宇宙が生まれるよりも前からすでに存在していたということ。
(6)絶対にわからないもの
(7)ウ
(8)例その言葉の意味が存在するからこそ、その物やその事が存在するから。

2
①謎（謎） ②端的 ③一致 ④魔法

考え方

1
(1)「人生」という言葉に注目すると、直後の部分に、「全く違ったものになる」二つの「人生」について述べられていることに気づくだろう。「あたりまえの不思議のうちでも、最も不思議なもの」であるのが、「言葉の不思議」である。
(2)直後の段落に、「まず自分のこととして思い出してみるといい」とあり、「私たちは、……言葉を話すことを、両親やまわりの大人たちから教わった。」と述べられている。そのあとに出てくる「彼ら」というのは、「両親やまわりの大人たち」のことであり、つまり、人間は、言葉を「親たちから教わった」ということを読み取ることができる。イは「言葉を作った者が」としているのがまちがい。ウは、言葉を「覚えた」ことではなく、言葉を「作った者」についていえることである。
(3)「何かの物を見て、……その物の名になったのだろうか。」とは、その前にある「言葉は、いつ、どこで、誰によって作られたのだろうか」という問いに対して考えた内容であることに注意する。同じ段落内に、「言葉というのは、自分以外の人にも通じることで言葉なのだ」とある。「何かの物を見て、……その物の名になった」というのでは「他の人間には通じない」から、言葉の生まれ方としては成立しないのである。選択肢はいずれも、「何かの物を見て、……その物の名になったのだろうか。」という考えが、言葉が生まれたことを説明するにはふさわしくないという内容になっているが、アとイは、その理由が正しくない。
(4)「祖先たちが大勢で集まって、この物はこの名で呼ぼうと決めたのだろうか」は、(3)の考えが「成り立たない」ために出された別案である。直後に「この想像は、……おかしいとわかる。」とあることから、これもまた、正しくない考えだということになる。そして、その理由は、「この物をこの名で呼ぼうと……同じということを決めることはできないからだ。」という二文の中で述べられている。
(5)①「　」でくくられている直前の二つの言葉である。この「聖書の言葉」は、「言葉の意味は、いつ、どこで、誰が決めたのでもない。」という文章のあとに置かれているので、「言葉の意味」について筆者がそのように述べる根拠であるということが予想できる。
②言葉は、「私たち」「人間」「地球や宇宙」が「生まれるよりも前から」「存在している」ということを述べたものだと説明されている。設問には「簡潔に答えなさい」とあるので、「私たち」「人間」「地球や宇宙」が、と段階を踏んですべて書くのではなく、三者の中で最も古く誕生した「地球や宇宙」に代表させて、「地球や宇宙が生まれるよりも前から」とするとよい。
(6)「言葉とは万物を創造する神様に似たものと言っていい。」とある

ように、筆者は「言葉」と「神」を「似たもの」であると説明している。そして「絶対にわからないもののことを、『神』という名で呼ぶのは、……まちがっていない。」とあることから、「言葉」も「絶対にわからないもの」だといえる。

(7) 直前に「人間は、……なんでもわかることができる」とあることから考える。ここでは、「神の存在」を人間が「確かめ」るかどうかについて述べているわけではないので、アはまちがい。また、イは「地球についてよく理解できてはいない」とあって、人間の知能は万能だとする正解とは反対の意味になっているので、まちがいである。

(8) 直前で「その言葉の意味が……その事が存在する」と、言葉がどんなものかが説明されている。それに続く「言葉とは万物を創造する神様に似たもの」という内容を、「言葉の力とは、まさしく、創造する力」と言い換えている。「その物やその事の存在を、その言葉の意味の存在が創造しているといえるから。」などのような書き方でも正解。

読解テクニック

1 (3) **選択肢の内容をざっくり捉える！**

選択肢の問題では、その選択肢がどういったことを述べているかを大まかに捉えておくとよい。ア～ウはいずれも「言葉が生まれたときの想像としては」まちがっているという結論は同じであるから、その理由に絞って文章を読んでいけばよいということになる。

---

p.96

言葉でつかんだ世界一

ぴたトレ3

1 (1) ウ

(2) 健常者と障がい者に垣根がない、どちらも同じスポーツとして分け隔てなく受け止めるという考え方

(3) 例 つらく孤独なリハビリが精神面も鍛えることになったから。

(4) 例 いつも大切なところで、自分の自信を高める言葉と出会ったこと。

2 ①更新　②贈　③垣根　④隔

考え方

1 (1) 直前に「そこで」とあるので、その前の部分から読み取ればよい。クイン氏の言葉に、「『なりたい』んじゃない。『なるんだ』。……大切よ。」とある。筆者はその言葉に影響され、「『俺は最強だ』……叫ん」だということがわかる。

(2) 「フェデラー選手の言葉」とは、直前の「僕より……ミスター・クニエダさ。」をさしている。フェデラー選手は、「当時、世界ランキング一位で数々の優勝記録を更新し続けていた」選手である。その言葉は、「健常者と障がい者」を差別することなく賞賛しているといえる。

(3) 直前に「その結果」とあることに注目する。その前の部分に、怪我をしてリハビリをしたことが述べられ、「つらく孤独なリハビリは精神面も鍛えることにな」ったと説明されている。

(4) 直前の「これ」は、「いつも大切なところで、……出会ってきた。」という一文をさしている。この文章では、クイン氏の言葉とそこから得られたこと、フェデラー選手の言葉とそこから得られたことがあげられており、それらの言葉との出会いによって、筆者は「世界一を実現」できたと考えているのである。

p.98

定期テスト予想問題 1

(1)①自分だけの物語を作った
②例最初は彼らだけの物語だったものが、時を経て、無関係な筆者にも深い感動をもたらしているということ。
③時空を超え、人の心をつなぐ役割

(2)①人間は誰し
②例底知れない自由と許しを持ち、人間の魂を解放してくれるもの。

考え方

(1)①直後に「二人とも……という意味で共通している」と述べられている。
②「更に不思議なのは」以下から読み取れる。
③筆者は、洋二郎さんとアンネの物語に接することで、彼らとは「無関係なはず」なのに、「深い感動」を味わった。そのことを、「物語には時空を超え、人の心をつなぐ役割がある」と述べているのである。

(2)①物語を書いているのは「作家だけ」ではないということは、「人間は誰しも」物語を書いているということを意味している。
②直後に、「目に見えない何かに光を当てる一つの方法が、物語に身を置くことなのだ」とあり、物語を「底知れない自由と許しを持つ」と説明している。そのような「物語という器を持ってさえいれば、人間は魂を解放することができ」るのである。この部分を「人間」という言葉を用いて簡潔にまとめる。

p.99

定期テスト予想問題 2

(1)例貸出データでは一週間前と一昨日に借りた記録があるのに、「私」に一昨日の記憶がないから。

(2)例入力ミスで個人情報データが二重になることがあるのだから、逆もあるだろうから。

(3)①例データが二重になっていることについての「彼女」の「私」への対応。
②例「私」の立場や気持ちに寄り添い、求めていることに対して誠実な対応。

考え方

(1)同じ会話文の前の部分に理由が述べられている。「一週間前に三冊、一昨日も三冊借りている」＋「一昨日に借りた記憶がない」→「あなた自身（『私』）が二重になっている」というのが「彼女」の思考の流れ。「簡潔に答えなさい」とあるので、冊数など必要のない事柄は省くようにする。

(2)「入力ミスで個人情報データが二重になることがある」→「『私』の存在そのものが二重になることもある」と、「私」は考えたのである。「逆に」は「私」の思考の流れを捉えるのに重要な言葉なので、解答にも「逆」を入れ込むようにするとよいだろう。

(3)「データが二重になっている」ことに対する、「彼女」の対応をさしていったものである。この文章の最初から、「彼女」は「無感動な表情」「よくあることだとばかりに」「まるで私が……彼女はすげなかった。」などとあるように、「私」の目から見た「彼女」は、あまりにも事務的である。「私」はそれを不満に思っていることが、「『模範とされる市民対応』からはほど遠い」という表現から読み取れる。

p.100

定期テスト予想問題 3

(1)例映画とラジオは、戦争に対して大きな責任があったが、裁かれることはなかった。

(2)テレビ…例地球の裏側で起きていることをライブで見ることができる。
インターネット…例国境や地域を簡単に飛び越え、情報を受信するだけでなく、発信できる。
(3) 例 メディアは便利だがとても危険でもあるので、メディア・リテラシーを身につけることが必要だと考えている。

考え方

(1) 同じ段落内に、「本来なら映画とラジオは、戦争に対して大きな責任があると裁かれねばならなかった。でも……追及されなかった。」とある。「映画とラジオ」が戦争に対して「責任がある」ということと、しかしその「責任」が追及されなかったという二つの要素を入れ込む必要がある。

(2) 「テレビ」については、第二段落で「僕たちは今、……見ることができる。」と述べられている。「インターネット」については、同じ段落内に、「国境や地域を簡単に飛び越えてしまう」「情報を受信するだけではなく、発信できるようになった」と述べられている。

(3) 第三段落から読み取る。筆者は、「メディアは便利だけどとても危険でもある。」ということを「知ってほしい」といっている。「メディア・リテラシーを身につけ」なければ、「人類はメディアによって滅びる」と考えているのである。

読解テクニック

(3) **筆者の主張を読み取る！**
説明的文章では、事実と主張の読み分けを意識しよう。「～だ」「～である」に対して、「～はずだ」「～ではないか」などの文末表現は、そこに書かれているのが筆者の主張であるという一つのヒントであるといえる。

---

p.101

定期テスト予想問題 4

(1) 例 人間からの入力がないのに人工知能が自分自身にとって切実な哲学の問いを内発的に発し、それについてひたすら考え始めたとき。

(2) ① 例 人工知能のほうが、人間よりも優れた自由意志に基づいた自律的活動と普遍的な法則や真理を発見できる思考能力をもつようになるだろうということ。
② 内発的哲学能力

(3) 例 人間にとっては奇妙で心に全く響かない内発的な哲学の問いについて、人間と人工知能とで議論を始めるということ。

考え方

(1) 直前の内容をさしている。「仮に」とあるように、それは仮定であって、事実ではないことに注意する。筆者は、人工知能はまだそれができていないという立場でこのように述べている。直後で述べているように、筆者は、「人間からの入力がないのに……それについてひたすら考え始め」るということが、「哲学をしている」ということを意味し、「『人間』の次元に到達」することだと考えている。

(2) ①「それら」は直前の、「人間という類の証し」とされてきた「自由意志に基づいた自律的活動と、普遍(ふへん)的な法則や真理を発見できる思考能力」をさしている。この二つが「人工知能によって……陥落させられる」とは、人間よりも人工知能がその分野で上回るということである。
②直後の段落で、「それに加えて、内発的哲学能力が必要だと私は考えたい」と示されている。

(3) 「この点」とは、直前の「彼らが発する内発的な哲学の問いは……全く響かないかもしれない」をさしている。「彼ら」とは人工知能のことだから、「人間と人工知能の対話が始まる」とは、人工知能が発した「内発的な哲学の問い」について、両者が議論を行うようになることをいっているのであろう。

p.102

定期テスト予想問題 5

(1) ①例バラバラにテンポを刻む多様な音を使ってつくられた、一定のまとまりのある楽曲のこと。

②（いわば）誰もしゃべっていない言葉をしゃべること。

③例不寛容な時代には、同期しない音を聴くことが大切だと考えているから。

(2) 人工的な音

考え方

(1)①直後でも説明されているが、「『テンポ』という言葉を用いて」とあるので、第二段落から読み取る。「バラバラにテンポを刻む多様な音を使って、……楽曲という一定のまとまりのあるものをつくること。」とある文に注目する。

②直後の一文に、「同期していない音楽、いわば……しゃべること。」とある。「いわば」は「言ってみれば」「たとえて言えば」という意味で、言い換えるときに用いる言葉である。

③最後の二文に注目する。「これは、僕たち人間社会でも同じではないだろうか。」の「これ」とは、その直前の「バラバラに……つくること。」をさしている。つまり、人間社会も同期しない音楽と同じであると述べている。それを踏まえて、「不寛容な時代には、……同期しない音を聴くことが大切なのではないか。」とあり、そのように考えたことから、筆者は「同期しない音楽というのをつくってみようと思った。」ということが読み取れる。

(2)直前の一文から読み取れる。「人工的な音」に「枯れ葉を踏みしめる音」あるいは「動物の鳴き声など」を「重ね合わせた曲」とある。

p.103

定期テスト予想問題 6

(1) ①それは、多　②自分の考え

③例問いに必死になって答えようとし、自分も積極的に疑問や問いを投げかけた。

(2) 例人の考え方、ものの見方は多様であり、その異なる考え方をお互いに尊重しなければならないということ。

考え方

(1)①直後の「それは」は、傍線部をさしている。「私を、きちんと認めてくれている」からこそ、「外国人のクラスメイト」は、「あなたはどう思う?」と質問したのである。

②あとに、「しかし同時に、……つながるようにも思えました。」とあることに注目する。「自分の考え」をもっていなければ、質問に答えることができず、「そこにいない人」「存在しない人」のようになってしまうというのである。

③「私は、その問いに必死になって答えようとしました。また、私自身も、……積極的に疑問や問いを投げかけていくことにしたのです。」とある。二つの文が「また」でつながっているので、この二つの要素を解答に盛り込むようにする。

(2)直後の一文から読み取る。「異なる考え方が飛び交う対話」が始まると、筆者は、「人の考え方、ものの見方は多様であり、皆は同じようには考えていないのだ」と気づき、「その異なる考え方をお互いに尊重しなければならないという認識」をもったということが述べられている。

読解テクニック

(1)③接続語に注目する!

接続語は、文と文の関係を示している。「また」は前の事がらにあとの事がらを並べる「並列」の意味をもつ語で、他に「かつ」「ならびに」なども同じはたらきをする。

p.104

定期テスト予想問題 7

(1)ウ
(2)ア・エ（順不同）
(3)思い（おもい）
(4)ウ

考え方

(1)李白は、中国、盛唐の詩人。四十二歳のとき玄宗皇帝に仕えたが、奔放な言動で寵臣の憎しみを買い、宮廷を追われた。中国最高の詩人とされ、杜甫と併称されて「李杜」と呼ばれる。西行は、平安末鎌倉初期の歌僧。元北面の武士だったが、二十三歳のとき無常を感じて僧になり、旅を続けながら歌をよんだ。宗祇は室町末期の連歌師。当時の連歌の中心指導者で、『新撰菟玖波集』を編んだ。杉風（杉山杉風）は、芭蕉門下の俳人。

(2)「舟の上に生涯を浮かべ」＝「船上で一生を送る船頭」、「馬の口とらへて老いを迎ふる者」＝「馬のくつわを取って老いを迎える馬子」。

(3)語中・語尾の「は・ひ・ふ・へ・ほ」→「ワ・イ・ウ・エ・オ」の原則に従う。「ひ」→「イ」である。「思」の部分は、漢字でも平仮名でもどちらでもよい。

(4)「雛の家」は、雛人形が飾られた家という意味である。季語は「雛」で、季節は春。

p.105

定期テスト予想問題 8

(1)①『源氏物語』（の巻の名前）
②夢から覚め～広がる風景
(2)三句切れ
(3)①エ
②イ

考え方

(1)①文章の中で、「『夢の浮橋』の語は、『源氏物語』の巻の名前でもあり」と説明されている。「春の夜の…」の和歌は、『新古今和歌集』に収められたものだが、文章で説明されているように、「『古今和歌集』の恋の歌『風吹けば峰にわかるる白雲の絶えてつれなき君が心か』（壬生忠岑）を踏まえ」たものである。このように、古歌（＝本歌）の発想や趣向・語句などを取り入れて作歌する表現技巧を「本歌取り」という。

②「夢から覚めた人物の目の前に広がる風景を、その人になったつもりで美しく描いています。」とある。

(2)「心なき身にもあはれは知られけり／鴫立つ沢の秋の夕暮れ」と三句で意味が切れているので、三句切れの和歌である。他の和歌の句切れは以下のとおり。「春の夜の…」（句切れなし）、「玉の緒よ…」（初句・二句切れ）。「心なき…」の和歌の意味は、「（喜びや悲しみなどの感情を絶っている）出家の身の自分にも、しみじみとした情趣はおのずと実感されることだ。この鴫が飛び立っていく沢の秋の夕暮れには。」である。

(3)①「絶えなば絶えね」の部分は、「絶えるならば絶えてしまえ」という意味である。何が「絶えるならば絶えてしまえ」というのかといえば、初句にある「玉の緒」（＝命）である。

②①で見たように、この和歌は、「玉の緒」が「絶えるならば絶えてしまえ」というのだから、つまり、「死んでしまえばいい」と述べていることになる。そのように言う理由は、下の句で述べられている。和歌全体の意味としては、「私の命よ、絶えるならいっそ絶えてしまえ。もし生き長らえると、心に秘め続ける力が弱り、恋を他人に知られてしまうといけないから。」となる。

p.106

定期テスト 予想問題 9

(1)鳥
(2)ウ
(3)渾べて簪に勝へざらんと欲す
(4)エ

考え方

(1)三句めと四句めは対句になっている。対句のきまりも詩の形式によって違う。「春望」は、一句が五字で、それが八句並んでいるので「五言律詩」である。律詩では三句めと四句め、五句めと六句めを対句にする規則がある。ただしこの詩では、一句めと二句めも対句になっている。
(2)六句めに「家書　万金に抵たる(家からの便りは大金に匹敵するほど貴重だ)」とあることから、「家族」との別れを恨めしく思っていることがわかる。
(3)「渾」→「簪」→「勝」→「不」→「欲」の順に読む。「渾」は、「全て。全く」という意味を表す。
(4)人間がつくり出した都市は戦乱のために破壊されたが、自然(山河)は変わらず存在している、というのが一句めと二句めの意味である。自然と人間との対比が描かれているが、主題となっている作者の心情は、家族との再会を望む強い思いにある。アの「うち続く戦乱に心を痛める気持ち」は、「烽火　三月に連なり」などの句から読み取れる。

p.107

定期テスト 予想問題 10

(1)①例おどせば本当のことを言うかもしれないという考え。
②例動じることもなく、冷ややかな目つきで、静かに言葉を述べた。
(2)①例父の顔も見られずに身代わりとなって殺されることになっても、それがお上の判断なら、正しいことなのだろうということ。
②憎悪を帯びた驚異の目

考え方

(1)①佐佐の言葉の中の「人に教えられたり、相談をしたりしたのなら、今すぐに申せ。」から考える。佐佐は、いちが誰か大人に教えられて今回の件に出たのではないかと疑っており、責め道具を見せておどせばすぐに白状するだろうと思ったのである。だまされはしないぞという、幕府の役人の傲慢な考え方が感じられる。
②直後の「いちはさされた方角を……その目は冷ややかで、その言葉は静かであった。」から読み取れる。「たゆたわず」は「迷うことなしに」という意味である。①で見たように、佐佐はいちをおどしにかかっているが、いちは少しも動じていないということがわかる。
(2)①これより前の、いちと佐佐のやり取りから読み取る。佐佐は「身代わりを……父の顔を見ることはできぬが、それでもいいか。」と言っている。これに対し、いちは「よろしゅうございます。」と「冷ややかな調子で答え」る。そのあとで、傍線部の言葉を言い足すのである。つまり、父の身代わりとなって死んでも構わないのかと佐佐に尋ねられ、いちはそれでも構わないと言ったのだが、そういう自分の気持ちとはまた別として、自分が父の身代わりとなって死ぬことを、「お上」が許すなら(「お上」は正しいことを行うはずだから)、それは正しいことなのだろうと、「お上」に対して皮肉めいたことを言い足したのである。
②いちの言葉を聞いた佐佐の気持ちは、直後の「不意打ちにあったような、驚愕の色が見えた」などとあるが、「険しくなった目」を言い換えた「憎悪を帯びた驚異の目」が十字で、条件に合っている。

定期テスト予想問題 11

(1)①夏草・夏
②や

(2)①万緑・夏
②例木々の緑と子どもの歯の白。

(3)①E
②B
③A
④D

考え方

(1)①「夏草」は、夏草が生い茂る季節を表すので、「夏」の季語である。同じ季語を用いた作品に、芭蕉の「夏草や兵どもが夢の跡」がある。
②切れ字は、俳句の感動の中心を表している。「や」の他に「かな」「けり」などがある。

(2)①季語は「万緑」で、季節は夏である。子どもの歯が生え始めたのが夏の日のことで、辺りはどこも緑でいっぱいである情景を描いている。「中や」と、「や」という切れ字が使われているが、二句めの途中にある。このような句切れを「中間切れ」という。
②木々の緑と子どもの歯の白さが、実に鮮やかな対照をなしていて、強烈な印象を残している。

(3)①「気づかぬうちにすぐそばに迫っていた恐怖」が、気がつくと「廊下の奥」にいたという「戦争」の恐怖に、そして、「戦争」という人間ではないものを「立つてゐた」と人間のように表現している点が「擬人法」にあてはまるので、Eの俳句の説明だとわかる。
②「言葉の繰り返し」が「いそぐないそぐなよ」に、「季節の移り変わり」が「木の葉」が散っていく（＝秋が深まっていく）という様子にあてはまるので、Bの俳句の説明だとわかる。この俳句は、「木の葉ふり／やまずいそぐな／いそぐなよ」と五七五で切れている。このように、文節の終わりと句の切れ目が合っていないことを、「句またがり」という。
③「生命力を感じさせる季節や物事」が「夏草」という季語や「ベースボール」に、「作者はそれを距離を置いて眺めている」が「ベースボールの人遠し」とあることにあてはまるので、Aの俳句の説明だとわかる。
④「沈黙の中にふと現れた動きのある生き物の存在」が「一日物云はず」にいたところに現れた「蝶」とあるDの俳句にあてはまる。「自由律俳句」とは、五七五の定型や季語といった俳句のきまりにとらわれない俳句のこと。尾崎放哉は、種田山頭火らとともに、優れた自由律俳句を詠んだ。Dの俳句も定型になっていない。ただし、「蝶」は春の季語である。

読解テクニック

(3)**長い文章（選択肢）は二つに分けてみる！**
選択肢や設問の文章が長くなっている場合は、読点などで分けて読み取るとよい。(3)の①は「気づかぬうちにすぐそばに迫っていた恐怖を、／擬人法を用いて表現している。」というように読点部分で二つの要素に分けることができる。「気づかぬうちにすぐそばに迫っていた恐怖」の部分は俳句の内容を、「擬人法を用いて」の部分は俳句の表現技法を説明しており、片方がわからなくても、もう片方をヒントに正解を探すことができる。

定期テスト予想問題 12

(1)ウ
(2)香炉と燭台
(3)希望
(4)例新しい社会を築くという希望をもち皆で努力すれば、その希望は実現するということ。

考え方

(1)「偶像」とは元来「神をかたどった像や絵画などのこと」だが、そこから「実質の伴わない作りもの」の意味にも使われる。すなわち「手製の偶像」とは、「実質の伴わない無意味なもの」と捉えることができる。「手製」とは、自分だけが価値を認めている。

(2)同じ段落から抜き出す。「閏土が……を所望した」とあるので、「……」の部分を抜き出せばよい。——線②の直後にある「私の望むもの」とは、これよりも前の文章に書かれている「新しい生活」をさしている。「新しい生活（社会）」への「私」の思いについては、最後の段落でも述べられている。

(3)——線③の直後に「思うに希望とは……」とあるところからわかるだろう。

(4)「私」は、「希望」とは「地上の道のようなものである。もともと地上には道はない。……」と言っている。つまり「道」とは「希望」をたとえた言葉である。そこから考えれば、「歩く人」とは「同じ希望をもち実現に努める人」のことだとわかるだろう。「新しい生活をもつという希望を抱き実現に努める人が増えれば、希望はかなうということ。」などでもよい。「道」を「希望」と捉える視点がなければ不正解。

読解テクニック

(3)・(4)**比喩表現を読み取る！**

「紺碧の空」に浮かぶ「金色の丸い月」や「道（ができること）」は、「私」の希望を表している。文学的文章においては、このように、あるものに登場人物の心情などが託されていることがある。何気ない情景描写などが登場人物の心情を反映していたり、その後の展開を示唆したりしていることもあるので、注目しよう。

---

p.110

定期テスト予想問題 13

(1)例さまざまな物質が寄り集まってできた非常に精密な機械（であるとみなしていた）。

(2)①例時間の流れとともに、絶え間ない消長、交換、変化を繰り返しつつ、それでいて一定の平衡が保たれている、一回性の現象。

②折り紙細工

(3)例操作的な介入によって平衡状態が失われてしまうとき。

考え方

(1)第一段落から読み取る。その段落で「しかしそれは、……そのように見えるにすぎない。」とあるように、生命に対する生物学者の考えは、正しいことではなかったことに注意する。

(2)①直前で、「生命は、実は、……それでいて一定の平衡が保たれているものとしてある。」「生命は、恒常的に見えて、いずれも一回性の現象である。」と説明されている。この部分から必要な要素を用いて解答を作る。「恒常的に見えて」など、不要な表現を取り除いていくとよい。

②最後の段落に、「生命は、……のり付けされた折り紙細工に似ている。」とある。五字で抜き出すので、「折り紙細工」が正解。「精密な機械」も五字であるが、これは(1)で見たように、生物学者が考えていた生命なので、まちがえないようにする。

(3)第三段落に注目する。「生命のもつ動的な仕組み」について説明しており、「操作的な介入によって平衡状態が失われてしまえば、生命は大きな痛手を受けることになる」とある。

p.111

定期テスト予想問題 14

(1)・例その願いごとが実際にかなったのかどうか。

・例願いごととしてそれを選んだことをあとになって後悔しなかったか。

（順不同）
(2) 例 願いごとというのは誰かに言ってはいけないことだと思うから。
(3) ア
(4) ウ

考え方

(1)「別に無理に聞き出すつもりはないよ。」から始まる段落に、二つの質問が書かれている。「まず……」、「そして……」という接続語に着目して、順に読み取るとよいだろう。「僕」は「彼女」の願いごとがなんだったかよりも、それら二つのことに関心があるのである。

(2) 少しあとの段落で「彼女」自身が語っている。「願いごとというのは、誰かに言っちゃいけない」というのが答えにつながるが、ここから「彼女」が願いごとをそれなりに大切にしていることが読み取れる。どうでもよければ、深く気にすることもなく「僕」に話しただろうと考えられる。

(3)「ない」の品詞は、形容詞、補助形容詞、打ち消しの助動詞の三つが考えられる。
・もう時間がない。……形容詞
・雨はそれほどひどくない。……補助形容詞
・難しい漢字は読めない。……助動詞
その他、「情けない」「はかない」などの形容詞の一部の場合もある。見分け方は、次のとおり。
○「ない」を「ず」や「ぬ」に置きかえても意味が通る→助動詞
○「ない」の上の「が」を「は」や「も」に置きかえても意味が通る→形容詞

(4) 最初の質問は「願いごとが実際にかなったのかどうか」ということ。「彼女」は――線④に続けて「まだ人生は先が長そうだし、私はものごとのなりゆきを最後まで見届けたわけじゃないから。」と言っている。つまり、かなったかどうかを知るためには長い時間がかかり、人生の最後まで見届けないと判断できないような願いごとなのである。

---

p.112

定期テスト予想問題 15

(1) 例「眩しい今」が「眩しかった過去」へと変わっていくから。
(2) だからこそ
(3) 例 青春時代を共に過ごした「君」は会社員になり、作者とは別の人生を歩んでいるという状況。
(4) 〔一〕あの夏のわれら〔二〕

考え方

(1) 直後から読み取れる。青春時代がすでに過去のものになってしまったからという意味が捉えられていれば正解とする。

(2) 直後では、「椅子にもたれ…」の短歌が「連作」の一つであることが述べられ、その「前後に置かれた」二つの短歌が紹介されている。それを踏まえて、「だからこそ……思い出してほしい、と〈私〉は願っているのだ。」と、「椅子にもたれ…」の短歌の内容について解説がなされている。

(3) 直後にある三つの文の内容をまとめるとよい。「青春を共に過ごした君」が「会社員」になったことで、「二人（＝作者と『君』）の道はこんなにも分かれてしまった」ということを押さえて答える。

(4)「あの夏のわれら」は、作者から見て、青春時代の自分と「君」をさしている。

教科書ぴったりトレーニング付録

赤シート×直前対策！

ぴたトレ mini book

教科書で習った順に
覚えられる！

新出漢字チェック！

国語 3年 教育出版版 完全準拠

＼赤シートで文字をかくせば両方に使えるよ！／

書き取り

読み取り

「ぴたトレ mini book」は取り外してお使いください。➡

間違えやすい漢字は□の色が赤いよ!

春に

教14～15ページ

□① 水がうずを巻く。（渦）

立ってくる春

教16～21ページ

□① 服をぬう。（縫）
□② こよみを見る。（暦）
□③ おにのような顔。（鬼）
□④ 日本のようかい。（妖怪）

なぜ物語が必要なのか

教22～28ページ

□① 資格をかくとくする。（獲得）
□② たましいのこもった演技。（魂）
□③ 他者のぎせいになる。（犠牲）
□④ 両親にあてた手紙。（宛）

私

教30～44ページ

□① 本の返却をとくそくする。（督促）
□② 道をたずねる。（尋）
□③ おじぎをする。（辞儀）
□④ とくしゅな例を挙げる。（特殊）
□⑤ 意見がいっちする。（一致）
□⑥ 予定をへんこうする。（変更）
□⑦ 疲れがちくせきする。（蓄積）
□⑧ 新しいさいふを買う。（財布）
□⑨ 間はつを容れず答える。（髪）

漢字の練習1

教46ページ

□① こいぶみを読む。（恋文）
□② はた織りの仕事。（機）
□③ 真理をきわめる。（究）
□④ 刀をとぐ。（研）
□⑤ 現金をすいとうする。（出納）
□⑥ 仕事をやめる。（辞）
□⑦ かわの靴を履く。（革）
□⑧ 布地をたつ。（裁）
□⑨ 子をさずかる。（授）
□⑩ 能力がまさる。（勝）
□⑪ てんにょが現れる。（天女）
□⑫ 労働をしいる。（強）
□⑬ 言いつけにそむく。（背）

□⑭ かいどうを渡る。（街道）

□⑮ 注文をうけたまわる。（承）

□⑯ もっぱら勉強をする。（専）

□⑰ 書きうる限り書く。（得）

□⑱ なごやかな雰囲気。（和）

□⑲ そのゆえを話す。（故）

□⑳ 先をきそう。（競）

□㉑ むろまち時代の暮らし。（室町）

□㉒ 話題にのぼせる。（上）

□㉓ まきに牛が放たれる。（牧）

□㉔ こんじゃくの物語を集める。（今昔）

□㉕ しょうに科に通う。（小児）

□㉖ きょうこくを歩く。（峡谷）

□㉗ おまわりさんを捜す。（お巡りさん）

□㉘ 書きぞめの練習。（初）

□㉙ ゆうばえの空。（夕映）

□㉚ たんものを織る。（反物）

□㉛ ぶあい制で働く。（歩合）

□㉜ 犯人をちまなこになって捜す。（血眼）

□㉝ めったにないしろもの。（代物）

□㉞ こわだかに叫ぶ。（声高）

□㉟ 友人のすけだちをする。（助太刀）

□㊱ うわついた気持ちになる。（浮）

□㊲ はとばに船が入る。（波止場）

薔薇のボタン

教 48～56ページ

□① 白いかべの部屋。（壁）

□② ばくふうで吹き飛ぶ。（爆風）

□③ ひさんな境遇。（悲惨）

□④ ていねいな言葉遣い。（丁寧）

□⑤ なみだを流す。（涙）

□⑥ 土のかたまり。（塊）

□⑦ 国のしょうちょう。（象徴）

漢字の広場1

教 68～69ページ

□① ごおんと呼ばれる音。（呉音）

□② とうおんで読む漢字。（唐音）

□③ しゅぎょうを積む。（修行）

間違えやすい漢字は□の色が赤いよ！

④ はんざつな手続き。（煩雑）
⑤ じっせんに生かす。（実践）
⑥ せんちゃを飲む。（煎(煎)茶）
⑦ めんぼくを失う。（面目）
⑧ きょうもんを読む。（経文）
⑨ けびょうで休む。（仮病）
⑩ 歯並びをきょうせいする。（矯正）
⑪ 病がへいゆする。（平癒）
⑫ 町をいちじゅんする。（一巡）
⑬ きょうげんの観劇。（狂言）
⑭ 人のじょうみゃく。（静脈）
⑮ せいじゃくに包まれる。（静寂）
⑯ 政府ちょっかつの土地。（直轄）
⑰ しょうがく金をもらう。（奨学）
⑱ 意見をこうていする。（肯定）
⑲ じゅもんを唱える。（呪文）
⑳ みぞうの事態。（未曽有）

AIは哲学できるか

教 74～79ページ

① てつがくの本を読む。（哲学）
② エキスをちゅうしゅつする。（抽出）
③ ふへん的な問題。（普遍）

漢字の広場2

教 84～85ページ

① 創業百年のしにせ。（老舗）
② やよいの空。（弥生）
③ おじは母の兄だ。（伯父）
④ 美しいおとめ。（乙女）
⑤ かわせ市場が変動する。（為替）
⑥ やきんの技術を学ぶ。（冶金）
⑦ さなえを植える。（早苗）
⑧ 病をぼくめつする。（撲滅）
⑨ いおうを混ぜる。（硫黄）
⑩ もめんのハンカチ。（木綿）
⑪ 議会がふんきゅうする。（紛糾）
⑫ かたずをのんで結果を待つ。（固唾）
⑬ 家具をはんにゅうする。（搬入）

□⑭ おばは父の姉だ。（伯母）

□⑮ ぞうりを買う。（草履）

□⑯ でこぼこの道。（凸凹）

□⑰ もよりの駅。（最寄り）

□⑱ ゆくえを捜す。（行方）

□⑲ 稲の苗を植えるさおとめ。（早乙女）

漢字の練習2　教 87ページ

□① 本をえつらんする。（閲覧）

□② 敵をいかくする。（威嚇）

□③ こどうが早まる。（鼓動）

□④ 日本酒のじょうぞう。（醸造）

□⑤ しんしに対応する。（真摯）

□⑥ ちみつな仕事。（緻密）

□⑦ へいがいが伴う。（弊害）

□⑧ 川をさかのぼる。（遡（遡））

□⑨ しょうけいをささげる。（憧憬）

□⑩ 国のちゅうすう。（中枢）

□⑪ ざんじ休む。（暫時）

□⑫ 法をじゅんしゅする。（遵守（順守））

□⑬ るりの玉の首飾り。（瑠璃）

□⑭ くんしょうをもらう。（勲章）

□⑮ 見事な作品にえいたんする。（詠嘆）

□⑯ かぎあなを塞ぐ。（鍵穴）

□⑰ 人生のぶんき点。（分岐）

□⑱ こうもくを並べる。（項目）

□⑲ しょうじん料理を食べる。（精進）

□⑳ 地域に伝わるわらべうた。（童歌）

□㉑ 神社のかんぬし。（神主）

□㉒ 家族のしょうぞう。（肖像）

□㉓ はがねの肉体。（鋼）

□㉔ きおくれを感じる。（気後）

□㉕ かいしょで文字を書く。（楷書）

□㉖ はいかいを研究する。（俳諧）

□㉗ 裁判官をだんがいする。（弾劾）

□㉘ 条件にがいとうする。（該当）

□㉙ 値段がこうとうする。（高騰）

間違えやすい漢字は□の色が赤いよ!

□㉚ 戸籍とうほんを取り寄せる。（謄本）
□㉛ おうせいな好奇心。（旺盛）

問いかける言葉

教 96〜102ページ

□① 番組のしちょうしゃ。（視聴者）
□② 病をばいかいする虫。（媒介）
□③ しだいに全容が見えてくる。（次第）
□④ 内容をぎんみする。（吟味）
□⑤ 流行のけいこう。（傾向）
□⑥ ふかんような態度。（不寛容）
□⑦ なやみを抱える。（悩）

漢字の練習3

教 113ページ

□① 金品をかける。（賭(賭)）
□② 社会にこうけんする。（貢献）
□③ 賞をたまわる。（賜）
□④ ていせつを誓う。（貞節）
□⑤ ばいしょう金を払(はら)う。（賠償）
□⑥ こくひんをもてなす。（国賓）
□⑦ げっぷで返済する。（月賦）
□⑧ わいろを受け取る。（賄賂）
□⑨ ゆうかい犯が捕まる。（誘拐）
□⑩ 言葉をはさむ。（挟）
□⑪ せっそくを避ける。（拙速）
□⑫ 魚のたくほん。（拓本）
□⑬ 飛行機にとうじょうする。（搭乗）
□⑭ 名簿からまっしょうされる。（抹消）
□⑮ いんうに見舞われる。（淫(淫)雨）
□⑯ けいこくを散策する。（渓谷）
□⑰ こうずいを防ぐ。（洪水）
□⑱ ある作家にししゅくする。（私淑）
□⑲ つつうらうらから集まる。（津津浦浦）
□⑳ 値がぜんげんする。（漸減）
□㉑ 服をせんたくする。（洗濯）
□㉒ はんよう性のある部品。（汎用）
□㉓ 物語のこうがいを述べる。（梗概）
□㉔ てっさくを設ける。（鉄柵）
□㉕ さんばしを修理する。（桟橋）

□㉖ 脊ついの手術を受ける。（椎）
□㉗ 経歴をさ称する。（詐）
□㉘ 訴しょうを起こす。（訟）
□㉙ 国会召集のしょうしょ。（詔書）
□㉚ せんさく好きな人。（詮(詮)索）
□㉛ 業務をいたくする。（委託）
□㉜ きょだくが下りる。（許諾）
□㉝ ふほうに接する。（訃報）
□㉞ 中学校のきょうゆ。（教諭）
□㉟ みんようを歌う。（民謡）
□㊱ ひまくを剝がす。（皮膜）
□㊲ たいじの成長を喜ぶ。（胎児）
□㊳ 耳鼻いんこう科を受診する。（咽喉）
□㊴ るいせんが緩む。（涙腺）

旅への思い——芭蕉と『おくのほそ道』—— 教116〜125ページ

□① ごらく施設を利用する。（娯楽）
□② 波間にひょうはくする。（漂泊）
□③ きんき地方を訪ねる。（近畿）
□④ 物語のぼうとうを読む。（冒頭）
□⑤ かんがいを覚える。（感慨）
□⑥ 年月をかかくにたとえる。（過客）
□⑦ 驚いて手をはらう。（払）
□⑧ 順番をゆずる。（譲）
□⑨ 壁をへだてる。（隔）
□⑩ 入会をすすめる。（勧）
□⑪ かけいを楽しむ。（佳景）
□⑫ ホテルにたいざいする。（滞在）

和歌の調べ——万葉集・古今和歌集・新古今和歌集—— 教126〜133ページ

□① こきん和歌集の名歌。（古今）
□② 平和へのいのり。（祈）
□③ たくみに表現する。（巧）
□④ さわ登りを楽しむ。（沢）

風景と心情——漢詩を味わう—— 教134〜139ページ

□① こう鶴楼に上る。（黄）
□② 諸国をほうろうする。（放浪）
□③ 自由ほんぽうに振る舞う。（奔放）

間違えやすい漢字は□の色が赤いよ!

□④ 名人としょうされる。（称）
□⑤ ばんきんに値する。（万金）
□⑥ ちつじょを守る。（秩序）
□⑦ 木々がおい茂る。（生）
□⑧ しらがが増える。（白髪）
□⑨ かんむりをかぶる。（冠）
□⑩ じょじ詩を詠(よ)む。（叙事）

最後の一句

教140〜159ページ

□① ざんざいが言い渡される。（斬罪）
□② 平安時代のにょうぼう。（女房）
□③ 妹が兄をしたう。（慕）
□④ ゆうふくな家。（裕福）
□⑤ 知識がとぼしい。（乏）
□⑥ そうとうに敗れる。（争闘）
□⑦ わぼくを受け入れる。（和睦）
□⑧ 船がしゅっぱんする。（出帆）
□⑨ 相手の本心をさぐる。（探）
□⑩ 感情にうったえる。（訴）
□⑪ ぶぎょうの任を解く。（奉行）
□⑫ あかつきの空を眺める。（暁）
□⑬ いっかんした態度。（一貫）
□⑭ 間をつめる。（詰）
□⑮ かいちゅう時計を買う。（懐中）
□⑯ 過去をかえりみる。（顧）
□⑰ 恩師の家にうかがう。（伺）
□⑱ しゅいを明らかにする。（趣意）
□⑲ 自分の心をいつわる。（偽）
□⑳ 職務をしっこうする。（執行）
□㉑ しらすで裁きを受ける。（白州）
□㉒ 勝手な行動をひかえる。（控）
□㉓ 使者をつかわす。（遣）
□㉔ ごうもんを受ける。（拷問）
□㉕ おくすることなく意見を言う。（臆）
□㉖ ちんじゅつを書き留める。（陳述）
□㉗ くちびるをかむ。（唇）
□㉘ ぞう悪(お)を向ける。（憎）

□㉙ 初志をかんてつする。（貫徹）
□㉚ 罪をしゃめんされる。（赦免）

漢字の広場３

教 160～161ページ

□① 医師が患者をみる。（診）
□② 自らをかえりみる。（省）
□③ 会議にはかる。（諮）
□④ 作家が新作をあらわす。（著）
□⑤ 候補者としてすすめる。（薦）
□⑥ 他者の権利をおかす。（侵）
□⑦ レモンの果汁をしぼる。（搾）
□⑧ 雑巾をしぼる。（絞）
□⑨ 風かおる五月。（薫）
□⑩ きゅうけいじょを利用する。（休憩所）
□⑪ ぼうりゃくを巡らす。（謀略）
□⑫ 運命にほんろうされる。（翻弄）
□⑬ めいわくな行動。（迷惑）
□⑭ 稲のしゅうかく。（収穫）
□⑮ しんじゅのネックレス。（真珠）
□⑯ 国王がせいきょする。（逝去）

漢字の練習４

教 164ページ

□① ぼうこくのスパイ。（某国）
□② 戦争がぼっぱつする。（勃発）
□③ 大会のはしゃとなる。（覇者）
□④ 武家のししとなる。（嗣子）
□⑤ せきずいを損傷する。（脊髄）
□⑥ さんばを呼ぶ。（産婆）
□⑦ くさもちを食べる。（草餅（餅））
□⑧ きょうい的な記録を出す。（脅威）
□⑨ ほうしょくの時代を迎える。（飽食）
□⑩ 王がたいかんする。（戴冠）
□⑪ 牛乳がはっこうする。（発酵）
□⑫ けいちょう休暇をとる。（慶弔）
□⑬ てきぎ処理をする。（適宜）
□⑭ 菌（きん）がぞうしょくする。（増殖）
□⑮ こうおつへいていの評価。（甲乙丙丁）
□⑯ しゅうちしんをあらわにする。（羞恥心）

□⑰ 条約をひじゅんする。（批准）
□⑱ せいさんな事件。（凄惨）
□⑲ げんそくが波をかき分ける。（舷側）
□⑳ 大きなかんていが横切る。（艦艇）
□㉑ かきねを隔てる。（垣根）
□㉒ そとぼりを埋める。（外堀）
□㉓ 立派なそぞうを作る。（塑像）
□㉔ ばんしゃくをする。（晩酌）
□㉕ 才能がかくせいする。（覚醒）
□㉖ ばいしんいんを務める。（陪審員）
□㉗ ふそくを設ける。（附則）
□㉘ 有名ないつわ。（逸話）
□㉙ 手紙のていしん。（逓信）
□㉚ 大臣をこうてつする。（更迭）
□㉛ かれつを極める。（苛烈）
□㉜ ほうこうが漂う。（芳香）
□㉝ あいいろのリボン。（藍色）
□㉞ しょほうせんを書く。（処方箋（箋））
□㉟ はしおきを新調する。（箸（箸）置）
□㊱ ふごうをつける。（符号）

故郷

教 178〜196ページ

□① 長いくきが折れる。（茎）
□② ひっそりかんとした場所。（閑）
□③ のうりに浮かぶ。（脳裏）
□④ こん碧(ぺき)の海。（紺）
□⑤ 木のまたに座る。（股）
□⑥ かわいらしいぼっちゃん。（坊）
□⑦ アルバイトをやとう。（雇）
□⑧ つやのある器。（艶）
□⑨ 飾りのついたぼうし。（帽子）
□⑩ ひもをゆわえる。（結）
□⑪ かいがらを拾う。（貝殻）
□⑫ 喉のかわきを癒やす。（渇）
□⑬ 魚がはねる。（跳）
□⑭ へいを塗り替える。（塀）
□⑮ おくり物をもらう。（贈）

□⑯ テーブルのあし。（脚）
□⑰ とうふを切る。（豆腐）
□⑱ 商売がはん盛する。（繁）
□⑲ 野原をかける。（駆）
□⑳ だんなと使用人。（旦那）
□㉑ きょうぐうがよくなる。（境遇）
□㉒ 米がきょうさくになる。（凶作）
□㉓ いすを引く。（椅子）
□㉔ こうろをたく。（香炉）
□㉕ すいじを行う。（炊事）
□㉖ 穴をほる。（掘）
□㉗ にわとりを飼う。（鶏）
□㉘ 冬のなごり。（名残）
□㉙ えいゆうが登場する。（英雄）
□㉚ 茶をしょもうする。（所望）
□㉛ 師をすうはいする。（崇拝）

漢字の広場4

教 204～205ページ

□① せいれんけっぱくな人物。（清廉潔白）
□② ふんこつさいしん努力する。（粉骨砕身）
□③ きぶんそうかいに感じる。（気分爽快）
□④ 実行するのはじきしょうそうだ。（時期尚早）
□⑤ じゅんかんけいろを調べる。（循環経路）
□⑥ きがじょうたいを脱する。（飢餓状態）
□⑦ ていおんさっきんを行う。（低温殺菌）
□⑧ ちゅうしゃきんしの貼り紙。（駐車禁止）
□⑨ めいよきそんで訴える。（名誉毀損）
□⑩ ごりむちゅうの状態になる。（五里霧中）
□⑪ 市場がかせん化する。（寡占）
□⑫ 値段をこうしょうする。（交渉）
□⑬ 和と洋をせっちゅうする。（折衷）
□⑭ 花をさいばいする。（栽培）
□⑮ せいりょう飲料水を飲む。（清涼）

漢字の練習5

教 207ページ

□① きかがくを学ぶ。（幾何学）
□② みんぞくがくの分野。（民俗学）
□③ すいてきがつく。（水滴）

間違えやすい漢字は□の色が赤いよ！

□④ ていこくを築く。（帝国）
□⑤ げんしゅくな儀式。（厳粛）
□⑥ きゅうていのしきたり。（宮廷）
□⑦ てんじょうを見上げる。（天井）
□⑧ がじゅくに通う。（画塾）
□⑨ 宇宙飛行士がきかんする。（帰還）
□⑩ 注意をおこたる。（怠）
□⑪ どうけつの中に入る。（洞穴）
□⑫ ゆいいつの方法。（唯一）
□⑬ じょうもん土器を展示する。（縄文）
□⑭ 惑星のきどう。（軌道）
□⑮ ゆうよをもらう。（猶予）
□⑯ 弱点をこくふくする。（克服）
□⑰ へいおん無事を祈る。（平穏）
□⑱ くうらんを埋める。（空欄）
□⑲ しょくりょう難に陥る。（食糧）
□⑳ その場でこうそくされる。（拘束）
□㉑ かんそうに強い植物。（乾燥）
□㉒ ぎょうこした液体。（凝固）

小学校で学習した漢字

□① ことなる考え。（異）
□② ぎゅうにゅうを飲む。（牛乳）
□③ さとうを加える。（砂糖）
□④ むずかしい問いを答える。（難）
□⑤ 頭をたれる。（垂）
□⑥ けいけんを積む。（経験）
□⑦ 誕生日をいわう。（祝）
□⑧ きびしい寒さ。（厳）
□⑨ あたたかいスープ。（温）
□⑩ こきょうに帰る。（故郷）
□⑪ さんそを吸う。（酸素）
□⑫ 実力をみとめる。（認）
□⑬ 文をかいぎょうする。（改行）
□⑭ そっちょくな意見。（率直）
□⑮ 植物をかんさつする。（観察）
□⑯ じゅうおう無尽に町を走る電車。（縦横）

□⑰ 手紙をとどける。（届）

□⑱ 宿題をわすれる。（忘）

□⑲ 電気をせつやくする。（節約）

□⑳ 紙をやぶる。（破）

□㉑ 税金をおさめる。（納）

□㉒ こむぎこを練る。（小麦粉）

□㉓ こうせきをたたえる。（功績）

□㉔ 親をうやまう。（敬）

□㉕ 選択にまよう。（迷）

□㉖ 道路をかくちょうする。（拡張）

□㉗ むねを高鳴らせる。（胸）

□㉘ 早起きになれる。（慣）

□㉙ セーターがちぢむ。（縮）

□㉚ きぼが大きい。（規模）

□㉛ ピアノをえんそうする。（演奏）

□㉜ 友達ととうろんする。（討論）

□㉝ ざっしの記事を読む。（雑誌）

□㉞ こんなんに立ち向かう。（困難）

□㉟ 国がさかえる。（栄）

□㊱ きんにくを鍛える。（筋肉）

□㊲ すがたを現す。（姿）

□㊳ 布をそめる。（染）

□㊴ 夏休みにきせいする。（帰省）

□㊵ こうか的な演出。（効果）

□㊶ ゆうびんを出す。（郵便）

□㊷ 田舎でくらす。（暮）

□㊸ かんたんなクイズ。（簡単）

□㊹ デパートにしゅうしょくする。（就職）

□㊺ 席をうつる。（移）

□㊻ たいしょう的な色。（対照）

□㊼ はいけいを描く。（背景）

□㊽ 台をささえる。（支）

□㊾ せんもん分野を学ぶ。（専門）

□㊿ おさない子どもと遊ぶ。（幼）

□51 そんけい語を用いる。（尊敬）

□52 荷物をあずける。（預）

間違えやすい漢字は□の色が赤いよ!

□53 命があぶない。（危）
□54 えいがを撮る。（映画）
□55 いただき物のメロン。（頂）
□56 力はてて倒れる。（果）
□57 罪をさばく。（裁）
□58 皿に料理をもる。（盛）
□59 しげんを大切にする。（資源）
□60 停電がふっきゅうする。（復旧）
□61 かいこを育てる。（蚕）
□62 うちゅうの不思議。（宇宙）
□63 墓前に花をそなえる。（供）
□64 てんぼうだいに上る。（展望台）
□65 きちょうな水を飲む。（貴重）
□66 合唱のしきをする。（指揮）
□67 らんぼうな態度をとる。（乱暴）
□68 やさしい問題から解く。（易）
□69 無人島をたんけんする。（探検）
□70 けんぽうに従う。（憲法）

□71 答えをすいりする。（推理）
□72 しょめいを集める。（署名）
□73 テレビにむちゅうになる。（夢中）
□74 たいさくを立てる。（対策）
□75 りんじ列車に乗る。（臨時）
□76 しょうらいに希望を抱く。（将来）
□77 わかものの目覚ましい働き。（若者）
□78 立ち入りをきんしする。（禁止）
□79 たんにんの先生の指示。（担任）
□80 こんばんの食事の献立。（今晩）
□81 よくじつはよく晴れた。（翌日）
□82 てんのうへいかのお言葉。（天皇陛下）
□83 しんかんせんに乗る。（新幹線）
□84 めいろうな性格。（明朗）
□85 こっせつが治る。（骨折）
□86 海にそって走る道路。（沿）
□87 安全をほしょうする。（保障）
□88 扉をしめる。（閉）

□89 はいくを詠む。（俳句）

□90 かげきな意見を言う。（過激）

□91 よくぼうを実現する。（欲望）

□92 ざせきを指定する。（座席）

□93 問題をしょりする。（処理）

□94 じこくを確かめる。（時刻）

□95 しおが満ちる。（潮）

□96 はいの機能が下がる。（肺）

□97 じゅもくを植える。（樹木）

□98 多額のしゃっきんをする。（借金）

□99 妹をかんびょうする。（看病）

□100 やちんを払う。（家賃）

□101 えんげきの稽古をする。（演劇）

□102 言葉をほそくする。（補足）

□103 膝をふしょうする。（負傷）

□104 こくもつを輸入する。（穀物）

□105 せいじつな人柄。（誠実）

□106 約束をのばす。（延）

□107 しゅうきょうについて学ぶ。（宗教）

□108 畑をこうさくする。（耕作）

□109 ざいさんを築く。（財産）

□110 おんせんに入る。（温泉）

□111 われ先に川に飛び込む。（我）

□112 けいさつかんになる。（警察官）

□113 公私をこんどうする。（混同）

□114 都合でたいしょくする。（退職）

□115 歯がいたむ。（痛）

□116 さんみゃくを眺める。（山脈）

□117 たんじゅんなおもちゃ。（単純）

□118 ペンをはいしゃくする。（拝借）

□119 自然げんしょうを研究する。（現象）

□120 しゅうぎいん議員選挙を行う。（衆議院）

□121 しれんを乗り越える。（試練）

□122 ふとんをほす。（干）

□123 ないかく総理大臣になる。（内閣）

□124 わけを説明する。（訳）

間違えやすい漢字は□の色が赤いよ!

□125 てんらんかいに出品する。（展覧会）
□126 血液のけんさをする。（検査）
□127 品物をつつむ。（包）
□128 ごかいを招く。（誤解）
□129 家をほうもんする。（訪問）
□130 けが人をきゅうごする。（救護）
□131 各国のしゅのう。（首脳）
□132 ほうしんを改める。（方針）
□133 せいとう政治を行う。（政党）
□134 水分がじょうはつする。（蒸発）
□135 しやが広がる。（視野）
□136 どうめいが生まれる。（同盟）
□137 せんめんきに水をためる。（洗面器）
□138 より道をする。（寄）
□139 毎日たいそうをする。（体操）
□140 成功をおさめる。（収）
□141 ふくそうを整える。（服装）
□142 かしを覚える。（歌詞）

□143 はいいろの煙。（灰色）
□144 ばくふが倒れる。（幕府）
□145 じこ紹介をする。（自己）
□146 文化をつくる。（創）
□147 しゃそうを眺める。（車窓）
□148 じゅくごを作る。（熟語）
□149 にまいのプリント。（二枚）
□150 ひみつを打ち明ける。（秘密）
□151 店がならぶ。（並）
□152 ゆうしょうを目指す。（優勝）
□153 たまごをゆでる。（卵）
□154 バスからおりる。（降）
□155 ゴミをすてる。（捨）
□156 例外をのぞく。（除）
□157 平和をせんげんする。（宣言）
□158 不可欠なそんざい。（存在）
□159 部屋をあたためる。（暖）
□160 皿をわる。（割）